França

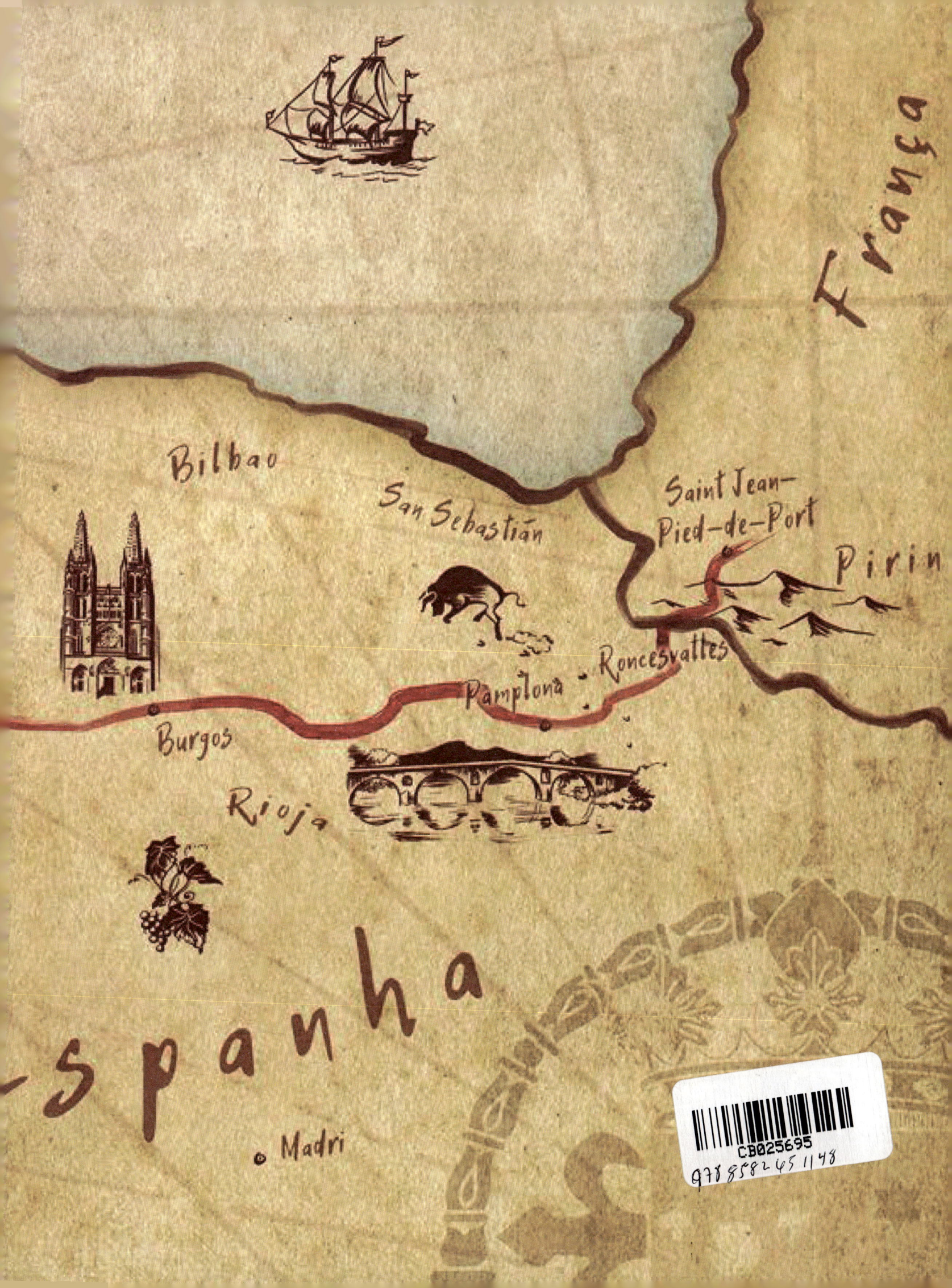

Bilbao
San Sebastián
Saint Jean-Pied-de-Port
Pirin
Roncesvalles
Pamplona
Burgos
Rioja

Espanha

Madri

Certificación de Paso

FIRMAS Y SELLOS

FIRMAS

Amigos Do Caminho De Santiago - Brasil Fecha: 25-06-99	Sello de los Amigos del Camino de Santiago 22 JUN 1999 Fecha:	HOTEL JAKUE — PUENTE LA REINA - GARES Tfno.: 948 34 10 17 - Fax: 948 34 1_ Fecha: 23-6-99
Roscidevallis Hospitalis 21 JUN 1999 Fecha:	Universidad de Navarra — Camino de Santiago — Pamplona - España 23-6-99 Fecha:	CIRAUQUI - Navarra 24-6-99 Fecha:
Concejo de Arletta — Estribar Fecha:	23-6-99 Fecha:	LORCA 24.6.9_ Fecha:

FIRMAS Y SELLOS

MINISTÉRIO DA CULTURA E GRUPO PROTEGE APRESENTAM

MINISTÉRIO DA CULTURA E GRUPO PROTEGE PRESENTAN

MARIA ALICE MEDINA

DO ROCK A COMPOSTELA
ÀS VEZES SE GANHA ÀS VEZES SE APRENDE

DEL ROCK A COMPOSTELA
A VECES SE GANA, A VECES SE APRENDE.

*Este viaje por el camino francés a
Santiago de Compostela es dedicado
a mis amados hijos Jomar Junior,
Rodolfo y Roberta con gratitud
por existir en mí, siempre
apoyando todos mis Caminos.*

*Esta viagem pelo caminho francês
a Santiago de Compostela é dedicada
aos meus amados filhos Jomar Junior,
Rodolfo e Roberta com gratidão
por existirem em mim, sempre apoiando
todos os meus Caminhos.*

Esto es fruto del deseo de realizar un trabajo autoral, adónde en este momento tan conturbado del planeta, algunas experiencias de vida y muchas riquezas recogidas por el Camino de Santiago de Compostela a través de fotos y textos, creados en reflexiones al caminar, quiero sugerirles, mostrarles, encantarlos, difundir e invitarlos. Sean bien-venidos a esta caminata repleta de amor.

Este é o fruto do desejo de realizar
um trabalho autoral, onde possa
compartilhar com muitos, neste
momento tão conturbado do
planeta, algumas experiências
de vida e muitas riquezas colhidas
pelo Caminho a Santiago
de Compostela. Através de fotos
e textos, criados em reflexões
ao caminhar, quero sugerir, mostrar,
encantar, divulgar e convidar.
Sejam muito bem-vindos a
esta caminhada plena de amor.

Maria Alice

PONTO EMBLEMATICO DO CAMINHO - CRUZ DE FERRO.
Altitude quase 1500 mts - Monte IRAGO - Neste lugar havia um altar romano dedicado ao Deus Mercurio, Deus dos Caminhos. Para os Peregrinos, e' um lugar magico entre o ceu e a terra.

PUNTO EMBLEMATICO DEL CAMINO – CRUZ DE HIERRO.
Altitud de casi 1.500 mts. Monte Irago – em este lugar habia um altat romano dedicado al Dios Mercurio. Dios de los caminos.
Para los peregrinos es um lugar magico entre el cielo y la tierra.

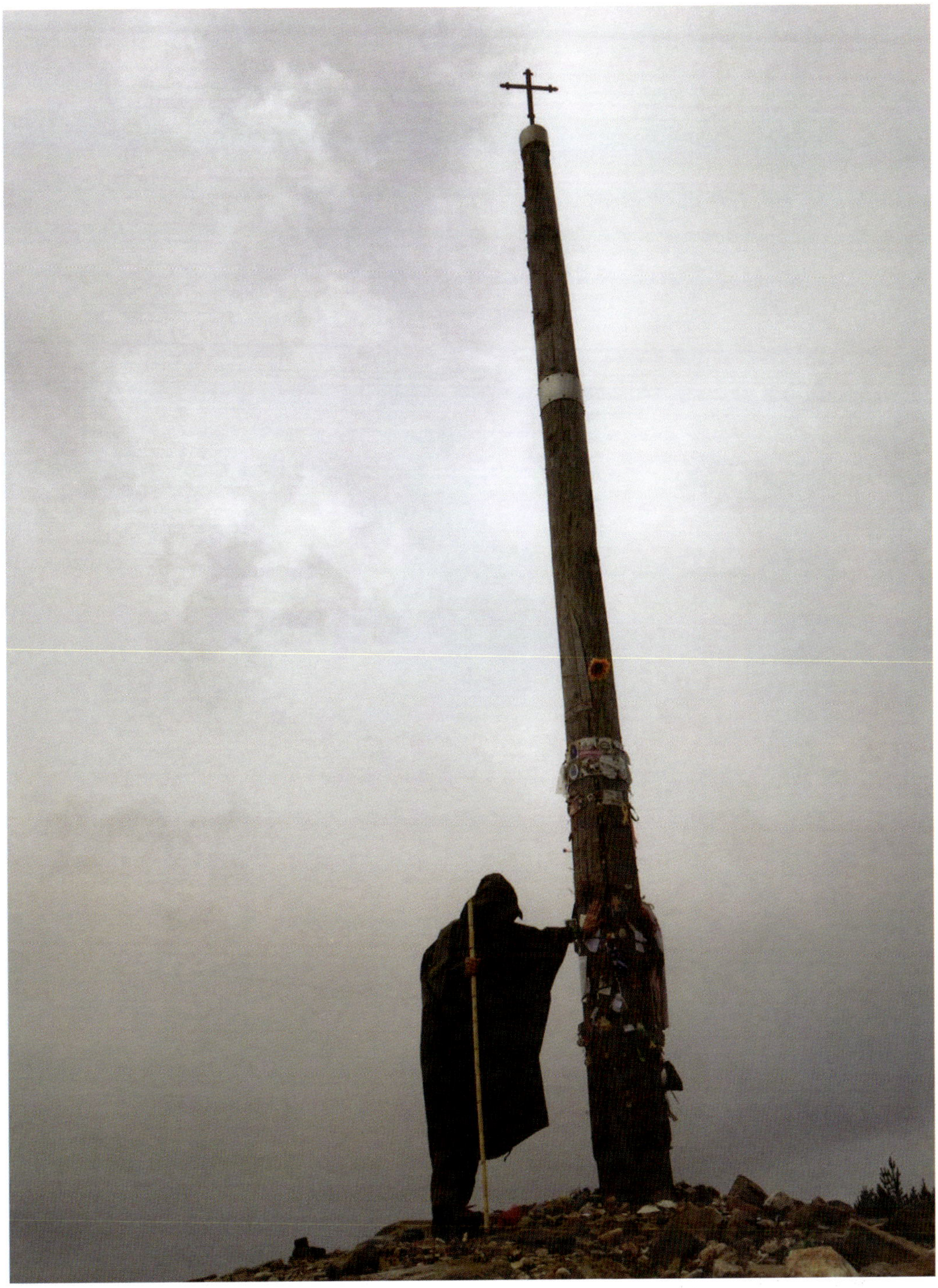

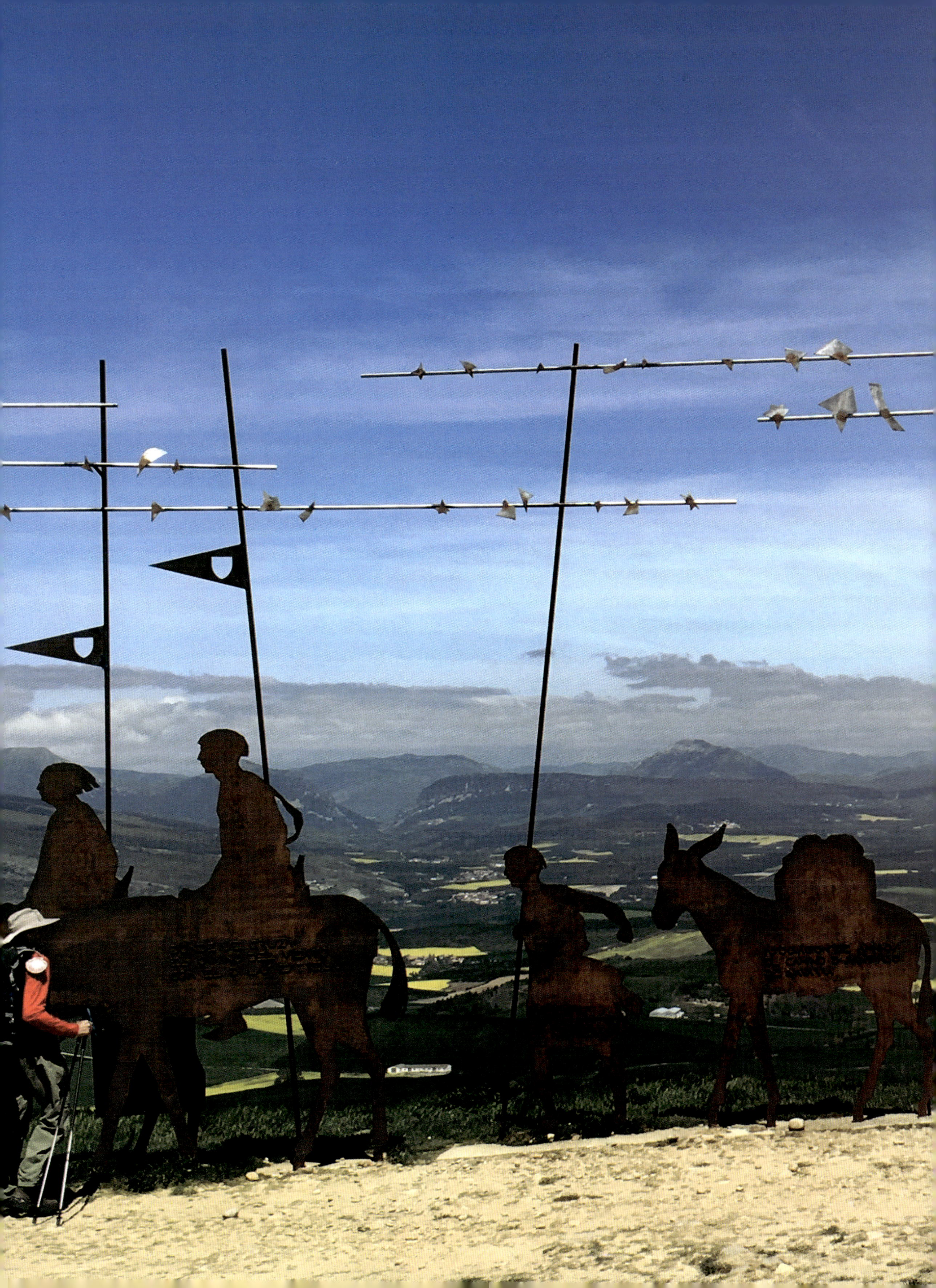

Monte do Perdão – Onde se cruza o caminho do vento com o caminho das estrelas

Monte del Perdón – Donde se cruza el camino del viento con el camino de las estrellas

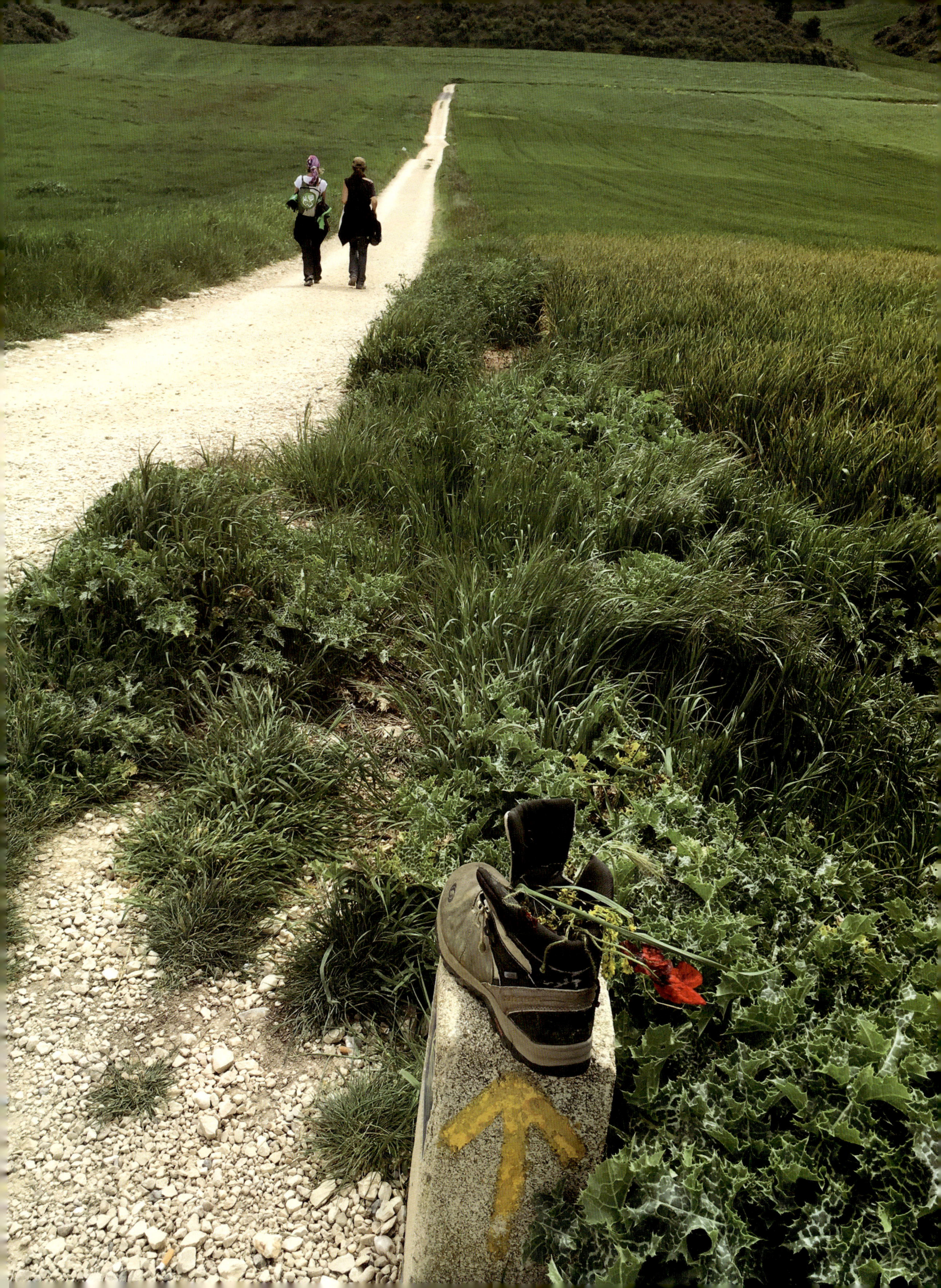

Este é um livro diferente sobre o Caminho a Santiago de Compostela.

De forma leve e simples, Maria Alice faz seu convite para que você se dê um tempo e um olhar para estas páginas, deixando-se levar através das imagens captadas pelo seu clique fotográfico perspicaz e atento – uma pausa para admirar a natureza, a história e as curiosidades que são parte também da alma brasileira, pois a Espanha tem tudo a ver com a América do Sul, onde nos inserimos. A rica culinária espanhola faz parte deste roteiro, comparecendo à mesa peregrina com seus sabores fortes, seus vinhos de buquê inigualável e os doces irresistíveis.

Com delicadeza e muito bom humor, o livro vai tecendo um contraponto dos lugares por onde a autora passa – moderna andarilha que transpôs os séculos XX a XXI peregrinando montanhas ancestrais – com a experiência cosmopolita de quem participou de momentos importantes da história cultural brasileira. Algumas vezes solitária, outras conduzindo grupos, Maria Alice sai do seu silêncio de discreta peregrina para compartilhar experiências, levando apenas sua bagagem interior e seus quereres. Ah, e o celular, que substituiu a câmera fotográfica, nas milhares de imagens que registrou, para que a seleção final fosse rica e original.

Um livro alegre e ao mesmo tempo profundo, que vai pausar a agitação diária que a vida moderna provoca em cada um de nós. E, na sequência, levá-lo ou não a caminhar: pelos jardins de seu bairro, pelas praças de sua cidade, pelas praias e florestas de seu país ou, quem sabe, pelos caminhos que levam a Santiago. A escolha é toda sua e tudo vale quando o olhar pausa na natureza do nosso ser maior.

Tomaz Adour
EDITOR

Este es un libro diferente sobre el camino de Santiago de Compostela.

De forma ligera y sencilla, Maria Alice te invita a que te permitas un tiempo para echarle una mirada más detenida a estas páginas. Dejándote llevar a través de las imágenes captadas por su clic fotográfico perspicaz y atento – una pausa para admirar la naturaleza, la historia y las curiosidades que también son parte del alma brasileña, puesto que España tiene todo que ver con América del sur donde nos situamos. La rica cocina española es parte de este itinerario. Asistir a la mesa peregrina, con sus sabores fuertes, sus vinos de bouquet inigualables y los dulces irresistibles.

Con delicadeza y muy buen humor, el libro va tejiendo un contrapunto de los lugares por donde la autora pasa. Moderna caminante, que ha transpuesto los siglos XX al XXI peregrinando montañas ancestrales – con la experiencia cosmopolita de quien ha participado de momentos importantes de la historia cultural brasileña. A veces solitaria, otras veces conduciendo grupos, Maria Alice sale de su silencio de discreta peregrina para compartir sus experiencias, llevando apenas su vivencia interior y sus anhelos. Ah, y el móvil, que sustituyó a la cámara fotográfica en las miles de imágenes que registró, para que la selección final fuera diversa y original.

Un libro alegre y al mismo tiempo profundo, que hará una pausa en la agitación diaria que la vida moderna provoca a cada uno de nosotros. Y a continuación, llevarte o no, a caminar: por los jardines de tu barrio, por las plazas de tu ciudad, por las playas y florestas de tu país, o quizás por los caminos que conducen a Santiago. La elección es toda tuya, y todo es válido cuando la mirada se detiene en la naturaleza de nuestro interior.

Ao longo do livro, você encontrará símbolos como esse, que poderão ser lidos com um leitor de QR Code no celular.
Estes códigos irão levar o leitor para vídeos feitos durante o Caminho a Santiago, exclusivamente para essa edição.
A lo largo del libro, usted encontrará símbolos como ese, que podrán ser leídos con un lector de QR Code en el celular. Estos códigos llevarán al lector a vídeos hechos durante el Camino a Santiago, exclusivamente para esa edición.

PRÓLOGO | *Fue una alegría muy grande cuando Maria Alice me invito a hacer el prólogo de este libro. Es una responsabilidad muy grande. Una vez que conozco el amor que ella tiene por el Camino, y como él ha tocado su vida de manera tan profunda. En el Camino de Santiago siempre ocurre el arte del encuentro. Encuentro consigo mismo, con la espiritualidad, con el placer de caminar, con la naturaleza, con el desapego, la solidaridad y con el amor por los otros. Mi primer encuentro con Maria Alice tuvo lugar cuando aún éramos niñas y estudiábamos en el Colegio Bennett, en Rio de Janeiro. Ella estudiaba en la clase de mi hermana, y me impresionaba como irradiaba luz propia, emanando una presencia hermosa que, al llegar, era como el sol. Yo sabía que esa niña, con su lindo uniforme de chica scout, viajaba, acampaba, estaba en contacto con la naturaleza, y además, aprendía a sobrevivir en la floresta. Era esto mi imaginario, y ella era mi modelo de cómo ser una verdadera scout. Pasados algunos años, nos volvimos a encontrar en esta vida por varios motivos, algunos tristes, otros alegres, y finalmente, en el Camino a Santiago. María Alice hiso el camino llevando mi manto de peregrina y la mochila de Paulo, mi marido. En su llegada a Santiago, los dos la estábamos esperando para recibirla ¡en este momento tan mágico! Soy artista, y he hecho este Camino por varias veces, pero solo una a pie. Conozco el significado de esta peregrinación, y como ella transforma nuestras vidas, pues el peregrino es tocado por una mano invisible. Me pareció fantástico Maria Alice compartir con este libro, su experiencia del Camino, disponiéndolo al alcance de muchas personas más...y precisamente en este momento que escribo estas palabras siento que volví a él, y fui tocada por el texto y las fotos de Maria Alice, como si estuviera otra vez recorriendo el Camino a Santiago. Como dice el escritor Antonio Machado: "Caminante, no hay camino, hace camino al andar." Todo depende del primer paso; como en la vida, lo importante es vivir. Sé que Maria Alice siempre recorrió su camino de vida con mucho amor y determinación. No existe solo una manera de andar; la vida tiene varias direcciones, no hay apenas una dirección correcta. Lo más importante es saber que todos los días son de transformación, y de cada encuentro un aprendizaje. En este libro, ustedes van a experimentar varios encuentros con la autora y con el invisible...Todos somos peregrinos en esta vida ¡Buen Camino!*

Christina Oiticica ARTISTA PLÁSTICA

PREFÁCIO | Foi uma alegria muito grande quando Maria Alice me convidou para fazer o prefácio deste livro. É muita responsabilidade, pois sei do amor que ela tem por esse Caminho e como ele tocou sua vida de uma maneira profunda. No Caminho de Santiago sempre ocorre a arte do encontro. Encontro consigo mesmo, com a espiritualidade, com o prazer de caminhar e a natureza, com o desapego, a solidariedade e com o amor pelos outros. Meu primeiro encontro com Maria Alice se deu quando éramos ainda crianças e estudávamos no Colégio Bennett, no Rio de Janeiro. Ela era da classe de minha irmã e me impressionava muito como irradiava luz própria, emanando uma presença bonita que, ao chegar, era como o sol. Eu sabia que essa garota, com seu lindo uniforme de bandeirante, viajava, acampava, ficava em contato com a natureza e, além disso, aprendia a sobreviver na floresta. Era esse o meu imaginário e ela era meu modelo de como ser uma verdadeira escoteira! Alguns anos depois, nos reencontramos nesta vida por vários motivos, alguns tristes, outros alegres e, finalmente, no Caminho a Santiago. Maria Alice fez o Caminho levando minha capa de peregrina e a mochila do Paulo, meu marido. Na sua chegada a Santiago, nós dois estávamos lá esperando para recebê-la neste momento tão mágico! Sou artista e fiz o Caminho diversas vezes, porém só uma a pé. Sei o significado dessa peregrinação e como ela transforma nossas vidas, pois o peregrino é tocado por uma mão invisível. Achei maravilhoso Maria Alice compartilhar, com este livro, sua experiência do Caminho, colocando-o ao alcance de tantas pessoas mais... E, neste mesmo momento que escrevo essas palavras, sinto que retornei a ele, e fui tocada pelo texto e fotos de Maria Alice como se eu estivesse outra vez percorrendo o Caminho a Santiago. Como diz o escritor Antonio Machado: "Caminante, no hay camino, hace camino al andar." Tudo depende do primeiro passo; como na vida, o importante é viver. Sei que Maria Alice percorreu sempre o seu caminho de vida com muito amor e determinação. Não só existe uma maneira de andar; a vida tem várias direções, e não há apenas uma direção correta. O mais importante é saber que todos os dias são de transformação e cada encontro um aprendizado. Neste livro, vocês vão experimentar vários encontros com a autora e com o invisível... Somos todos peregrinos nesta vida. Bom Caminho!

Christina Oiticica ARTISTA PLÁSTICA

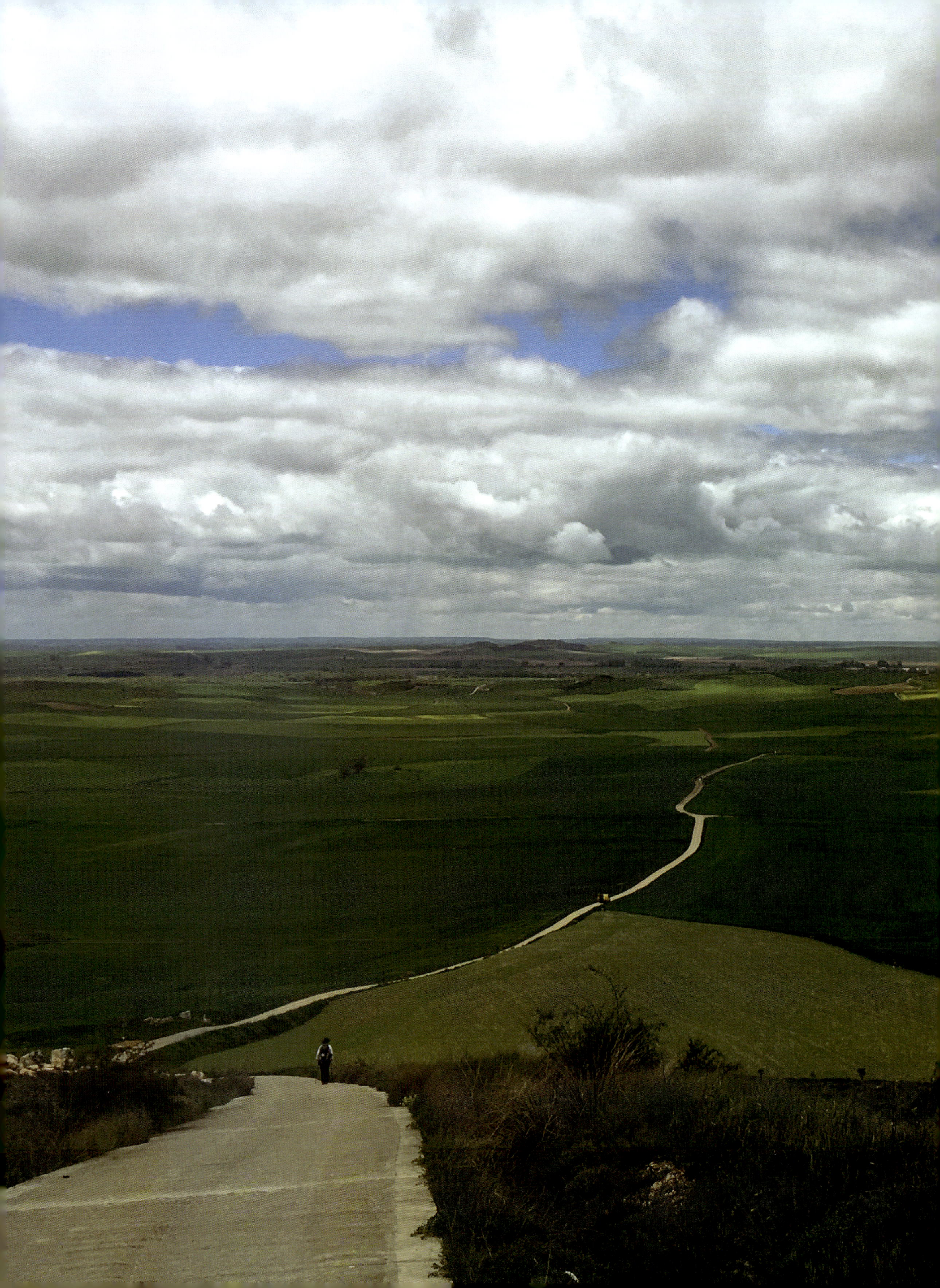

Região autônoma da Navarra *Región autónoma de la Navarra*

Cuando este libro esté impreso, el camino de Santiago seguirá allá, como siempre estuvo. Arterias vivas bajo el cielo azul de España. Por donde millones de personas pasan todos los años hace siglos. Ellas no quieren apenas llegar a Santiago; estas personas quieren alcanzar la paz, la gracia, la curación, la reflexión. Ellas quieren meditar, pedir, perdonarse a sí mismo, dar gracias, y a encontrar a sí mismo. Van solas, a dos, en grupo. Van a pie, de bicicleta, solo Dios sabe cómo, pero van. Y cuando vuelven, vienen tocadas, iluminadas, bendecidas, transformadas. Muchas quedan adictas y vuelven siempre; o en otras, el Camino siempre regresa a ellas.

Hace tiempo que este Camino me está llamando. Hace muchos años, cuando empecé a pensar en hacerlo, un amigo me dio un cayado, uno de los iconos del Camino, así, de la nada. De otra vez, cuando el camino fermentaba en mí, en pleno aeropuerto de Salvador, el dueño de una tienda me cogió en el corredor y me dio un libro escrito por él, sobre sus increíbles, te lo repito, increíbles experiencias sobre el Camino. ¿Porque todavía no he ido? Me parece que aún no es llegado el momento. Con las idas y venidas del Brasil, así como de mi vida, siempre aparece un problema o algo bueno que interfiere en mi viaje. Pero pensar en él, preguntar sobre él, incluso no ir, ya es estar yendo al Camino. Y seguir oyendo su llamado por decenas de veces, ya es estar a camino del Camino.

El Camino insiste. Y para que no quede dudas de que él me está llamando, mi amiga de toda una vida y expert del Camino, Maria Alice Medina, que por tantas veces ha conducido grupos, me ha pedido para escribir esta presentación de su lindo libro.
Por lo tanto, cuando este texto esté listo, y se imprima ¿será que me dará pena? El texto está aquí impreso, pero la vida y el Camino son un libro abierto.

Que Dios me guie un camino para seguirle en el tiempo propicio, porque tengo la certeza que, como todos me dicen, todo es a su debido tiempo.

La vida es el camino. El Camino de Santiago es apenas un artificio mágico que Dios ha creado para que pensemos si estamos llevando muchas cosas en nuestras mochilas. ¿De qué necesitamos desapegarnos, para seguir más livianos? ¿Qué es lo que nos está provocando burbujas en la vida?

Si estás pensando en hacerlo, este libro es un llamado.

Si ya hiciste el Camino, este libro puede ser un llamado para que vuelvas a hacerlo, o a difundirlo, regalando a alguien este libro.

Gracias al talento, a la persistencia y energía de Maria Alice Medina, el Camino me llama, te llama, llama a muchas personas, a que larguen todo y se conviertan en peregrinos.

Y si cuando el tiempo sea propicio, de repente este libro llegue a tus manos, deja todo y vete; el Camino te espera.

Nizan Guanaes **PUBLICITARIO**

Quando este livro estiver impresso, o caminho a Santiago estará lá, como sempre esteve. Artérias vivas debaixo do céu azul da Espanha, por onde milhões de pessoas passam todos os anos há séculos. Elas não querem só chegar a Santiago; essas pessoas querem chegar à paz, à graça, à cura, à reflexão. Elas querem meditar, pedir, se perdoar, agradecer e se encontrar. Vão sozinhas, a dois, em bando. Vão a pé, de bicicleta, sabe Deus como, mas vão. E quando voltam, voltam tocadas, iluminadas, abençoadas, transformadas. Muitas ficam viciadas e voltam sempre; ou em outras, o caminho volta sempre nelas.

Faz tempo que esse caminho me chama. Há muitos anos, quando comecei a pensar em fazê-lo, um amigo me deu um cajado, um dos ícones do caminho, assim do nada. Outra vez, quando o caminho fermentava em mim, em pleno aeroporto de Salvador, o dono de uma loja me pegou no corredor e me deu um livro escrito por ele sobre as suas incríveis, repito, incríveis experiências sobre o caminho. Por que ainda não fui? Acho que ainda não chegou a hora.

Com as idas e vindas do Brasil e da minha vida, sempre aparecem ou um problema ou alguma coisa boa que interferem em minha ida. Mas pensar nele, perguntar sobre ele, planejar sobre ele e mesmo não ir, é estar indo ao caminho. E continuar ouvindo seu chamado, por dezenas de vezes, já é estar a caminho do caminho.

O caminho insiste. E para não deixar dúvidas de que ele está me chamando, Maria Alice Medina, minha amiga da vida inteira e expert do caminho, por onde já conduziu grupos tantas vezes, me pediu para escrever esta apresentação do seu lindo livro.

Portanto quando este texto ficar pronto e for impresso, será que terei ido? O texto está aqui impresso, mas a vida e o caminho são um livro aberto.

Que Deus me guie um caminho para segui-lo no tempo propício, porque tenho certeza que, como todos me dizem, o caminho tem seu tempo certo.

A vida é o caminho. O caminho de Santiago é apenas um artifício mágico que Deus criou para pensarmos se estamos com coisas demais dentro de nossas mochilas. O que precisamos desapegar para seguir mais leve? O que está nos causando bolhas na vida?

Se você está pensado em fazê-lo, este livro é um chamado.

Se você já fez o caminho, este livro pode ser um chamado para voltar ou a propagá-lo, dando este livro de presente a alguém.

Graças ao talento, a persistência e a energia de Maria Alice Medina, o caminho te chama, me chama, chama muitas pessoas, a largarem tudo e se tornarem peregrinos.

E, se quando o tempo for propício, sem mais nem menos, este livro chegar às suas mãos: larga tudo e vai; o caminho te espera.

Nizan Guanaes PUBLICITÁRIO

La Faba
IGLESIA
el Refugio
comida casera vegeta-riana
home-made vegeta-rian food
Natural drinks

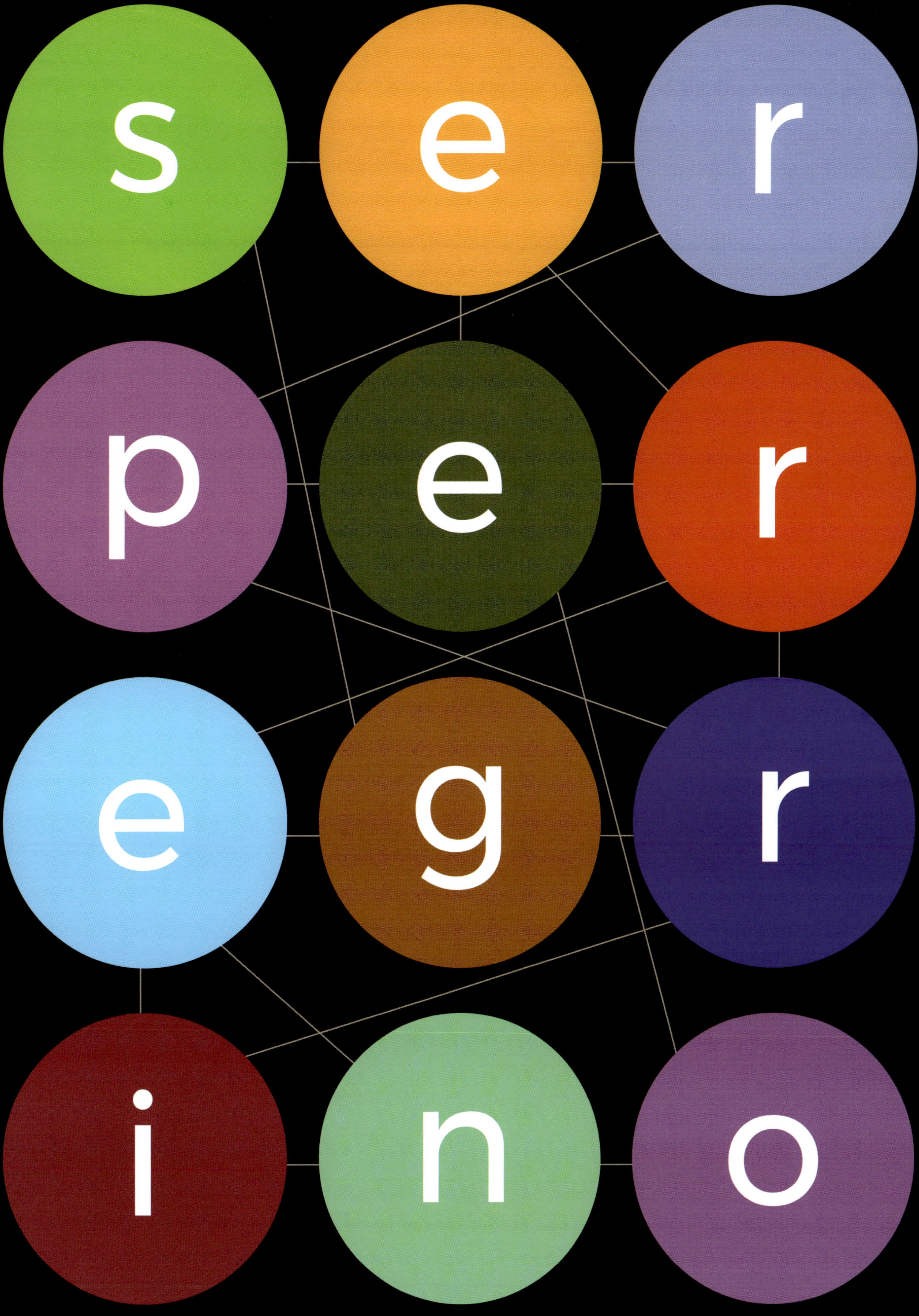
s e r
p e r
e g r
i n o

SER PEREGRINO

¡El peregrino es aquella persona que decide salir de su zona de comodidad y ponerse en movimiento!

Es quien decide dejar todo para atrás, librándose de los pesos y excesos, quedándose solamente con lo esencial.

¡Es desapegarse!

Ser peregrino es saber que una jornada solo comienza con el primer paso.

Es confiar en el porvenir, sin saber lo que le espera después de la curva.

Es entregarse a lo que tiene que ser y seguir siempre adelante.

Es, a cada paso acercarse de su interior y aprender a oír a su propio corazón...

Es aceptar que tenemos límites, en el cuerpo y en la mente.

Es saborear y soportar el incontrolable poder de la naturaleza -En el calor y en el frio, en el sol y en la lluvia, de día y de noche.

Ser peregrino es olvidarse de las horas y los kilómetros, viviendo intensamente con lo que se presenta en su delante, ¡en aquel momento!

Es estar abierto a lo nuevo y a lo que tiene que ser.

Es estar comprometido con el presente.

Ser peregrino es simplemente seguir sin saber cuánto tiempo falta para llegar...

Es saber que tiene que continuar a avanzar, aunque cansado.

¡Ser peregrino es tener la humildad para pedir ayuda y compartir lo poco que se tiene y sabe!

¡Es valorar las pequeñas cosas y expresar la gratitud!

Ser peregrino es decidir escoger su propio camino sin transferir la responsabilidad a nadie.

¡Es respetar su propio tiempo y ritmo para seguir adelante!

¡Ser peregrino es caminar en la dirección deseada con fe, coraje, determinación y claridad!

¿Será que eres un peregrino de la vida?

O peregrino é aquela pessoa que decide sair da sua zona de conforto e colocar-se em movimento!

É quem decide deixar tudo para trás, livrando-se dos pesos e excessos, ficando somente com o essencial.

É desapegar-se!

Ser peregrino é saber que uma jornada só começa com o primeiro passo.

É confiar no porvir, sem saber o que lhe espera depois da curva.

É entregar-se ao que tiver que ser e sempre seguir.

É, a cada passo, se aproximar de seu interior e aprender a ouvir o próprio coração...

É aceitar que temos limites, no corpo e na mente.

É saborear e suportar o incontrolável poder da natureza – no calor e no frio, no sol e na chuva, de dia e à noite.

Ser peregrino é esquecer as horas e os quilômetros, vivendo intensamente o que se apresenta à sua frente, naquele momento!

É estar aberto ao novo e ao que tiver que ser.

É estar comprometido com o presente.

Ser peregrino é simplesmente seguir sem saber quanto tempo falta para chegar...

É saber que tem que continuar a avançar, mesmo cansado.

Ser peregrino é ter a humildade para pedir ajuda e partilhar o pouco que se tem e sabe!

É valorizar as pequenas coisas e expressar a gratidão!

Ser peregrino é decidir escolher o seu próprio caminho, sem transferir a responsabilidade para ninguém.

É respeitar o seu próprio tempo e ritmo para seguir adiante!

Ser peregrino é caminhar na direção desejada com fé, coragem, determinação e clareza!

Será que você é um peregrino da vida?

Jana Carvalho
PEREGRINA

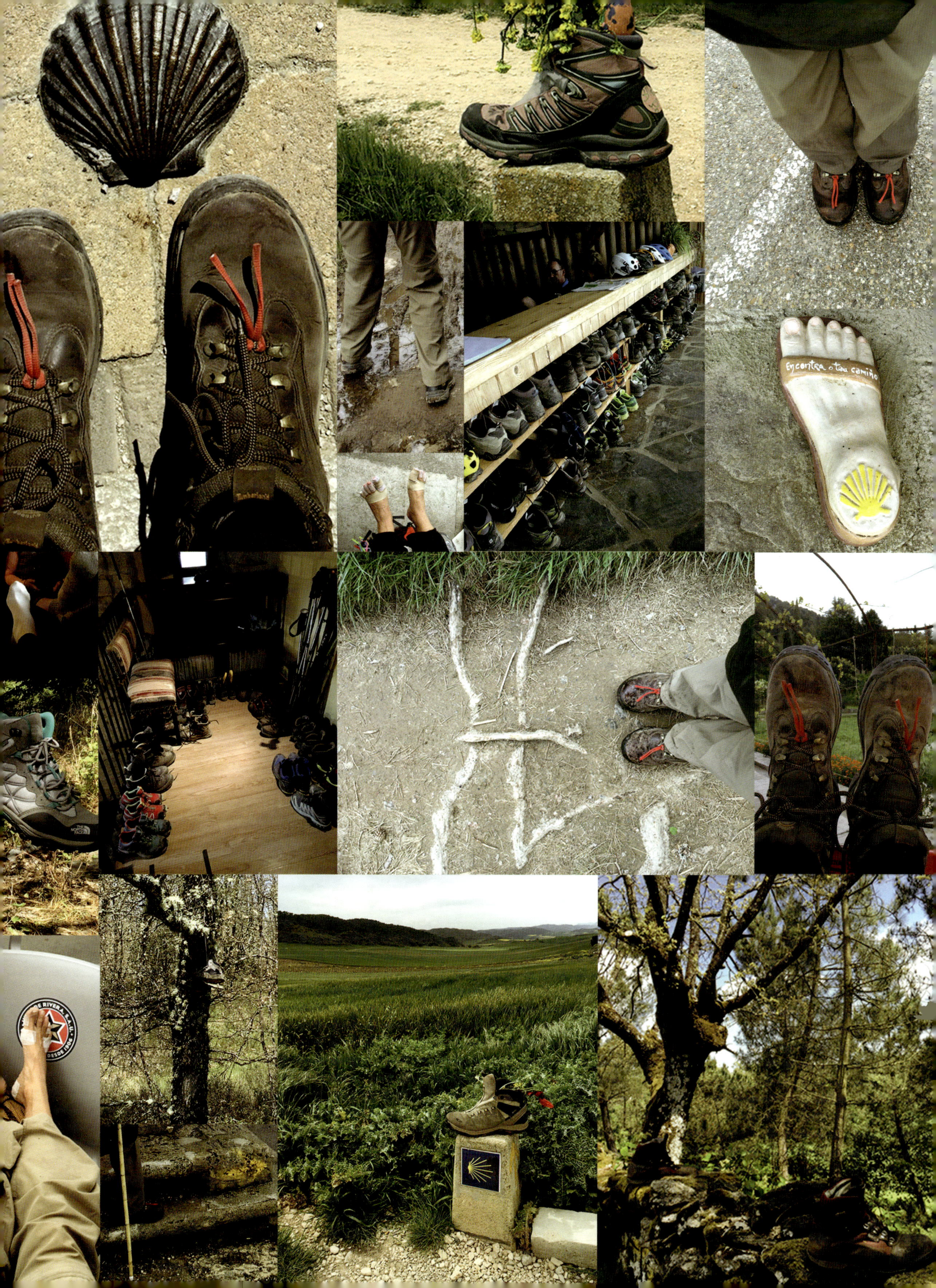
Encontra o teu camiño

Logroño

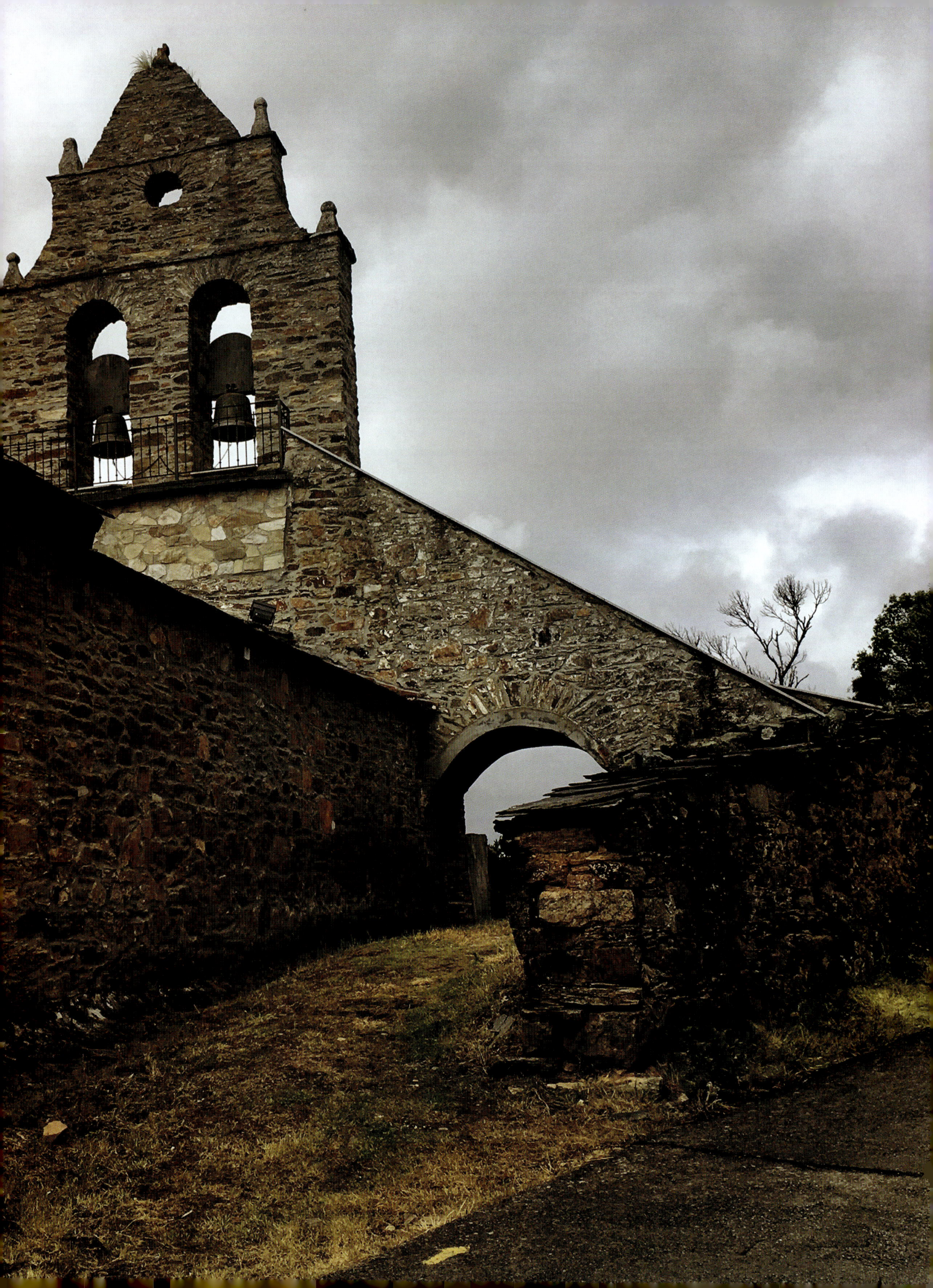

Uma pinceladla da história do Caminho

Em princípios do século IX, provavelmente na década de 820 a 830, descobriu-se uma sepultura que foi identificada como sendo do apóstolo Santiago Maior (também chamado de São Tiago Maior). O local de tal achado era um antigo cemitério abandonado, situado no coração da Galícia, a noroeste da Península Ibérica, concretamente nas terras da diocese de Iria. Foram duas as pessoas que, com sua autoridade, avalizaram a autenticidade da descoberta: o bispo de Iria, Teodomiro, e o rei das Astúrias, Alfonso II. O primeiro foi enterrado, contra as convenções daquela época, junto ao suposto sepulcro apostólico. O segundo compareceu pessoalmente ao local e mandou construir uma primeira igreja em torno da edificação funerária. Por isso, há quem afirme que se deve considerar o rei asturiano como o primeiro dos peregrinos jacobinos da história.

As peregrinações são uma tradição universal de boa parte das religiões. Nesse sentido, o cristianismo não foi, nem é, uma exceção. A visita a lugares que conservavam a lembrança e as relíquias dos mártires e santos está documentada desde época bastante remota. Desnecessário será dizer que, além da Terra Santa, repleta de significados essenciais para os fiéis cristãos, e de Roma, onde, segundo a tradição, foram martirizados São Pedro e São Paulo, os lugares que conservavam restos apostólicos revelavam-se especiais e singulares destinos das grandes peregrinações. A identificação do sepulcro atribuído a Santiago Maior veio completar o panorama das igrejas apostólicas e num lugar, no extremo ocidental do mundo então concebido na Cristandade, até então carente de tais símbolos. Ou, o que dá na mesma, a descoberta da sepultura que se acreditava conter os restos de Santiago Maior favoreceu o surgimento de um novo alvo de romaria.

A peregrinação a Compostela deve ter começado como algo bastante modesto e eminentemente local: talvez só conhecida e praticada, no início, pelos habitantes do reino das Astúrias e depois pelos cristãos do resto da Hispania do século IX. De qualquer maneira, temos certeza de que a notícia da descoberta do sepulcro já havia ultrapassado a fronteira peninsular na segunda metade do século IX. Será preciso, entretanto, esperar o século X para encontrarmos peregrinos vindos de depois dos Pireneus. Tais visitantes ainda não seguiam uma rota preferencial, ou seja, não havia ainda nada parecido com um "caminho de Santiago", sendo, portanto, mais provável que as peregrinações por via marítima fossem mais importantes do que se acreditava até há pouco tempo.

A partir de meados do século XI, a peregrinação a Santiago começa a receber uma série de estímulos que, nos últimos anos da Idade Média, viriam a transformá-la. São estímulos estruturais, provenientes das dinâmicas próprias do feudalismo, que engendrarão um desapego demográfico e uma época de desenvolvimento agrícola e reativação do comércio e da vida urbana, que funcionam como um pano de fundo para explicar o êxito da romaria.

Há que se levar também em consideração os interesses políticos. Muitos reis hispânicos darão suporte político, social e econômico aos peregrinos e à Igreja de Santiago. Apoiarão a manutenção e melhorias das redes viárias que começavam a ser mais transitadas pelos peregrinos. Por fim, mas nem por isso menos importante, começaram a tentar construir pontes, de todos os tipos, com os reinos e sociedades do resto da Cristandade ocidental.

A Igreja, sem dúvida, deu também importante contribuição a essa onda de estímulos que acabarão convertendo a peregrinação a Compostela numa das maiores manifestações desse tipo no âmbito da Cristandade medieval. A Igreja, como instituição, vive nos séculos XI e XII uma época de consolidação e reforço hierárquico. E, além disso, passará a considerar a romaria uma das boas obras com valor determinante para a saúde espiritual dos fiéis. O mundo monástico, tão importante no mundo medieval, não fica indiferente a tal ascensão jacobina. Alguns mosteiros se localizam perto das rotas percorridas pelos peregrinos, ou os romeiros modificam seu caminho para passar por eles. Desse modo, uns podem oferecer e outros receber a hospitalidade, que é uma das principais características da espiritualidade e dos costumes monásticos, sobretudo no então dominante universo beneditino. Por fim, a igreja de Santiago também contribui com seu importante grão de areia. Converte-se numa igreja rica e poderosa e começa um movimento para que, sem tentar obscurecer a sede romana, seja reconhecida sua importância apostólica e considerada como a principal igreja da parte ocidental da Cristandade.

Todos esses estímulos cristalizam-se no início do século XII, sob a carismática égide de Diego Gelmirez, primeiro arcebispo da sede de Santiago. Na época desse prelado, foi ordenada a redação de uma série de obras históricas, de projetos documentais e de compêndios de natureza jacobina que nos permitem vislumbrar uma peregrinação que se apresenta como comum a toda a Cristandade, gigantesca e, sem dúvida, bem-sucedida. É também Gelmirez quem impulsiona a construção da grande catedral românica iniciada anos antes. A obra, de dimensões sem paralelo no âmbito hispânico contemporâneo e formalmente alinhada com o que há de mais seleto e vanguardista em termos da arte e da arquitetura europeia do momento, é o expoente máximo do prestígio então alcançado pela igreja compostelana e por sua peregrinação.

É no entanto possível que, apesar de sua importância e significado, a época de Gelmirez não seja a do apogeu da peregrinação jacobina antes da época atual. Na verdade, os três séculos restantes até o final da Idade Média são um período quase ininterrupto de crescimento da romaria. A procedência dos peregrinos é cada vez mais diversificada e seu nível social ainda mais diferenciado do que antes; é perceptível um aumento da romaria feminina; há um forte incremento das peregrinações por via marítima e não há, então, mais dúvidas quanto à existência de uma série de rotas que podem aspirar a serem concebidas como algo semelhante aos caminhos de Santiago. Além disso, a espiritualidade, que emerge como característica dessa época, sintoniza-se muito bem com a peregrinação. É mesmo possível afirmar que, apesar da seríssima crise vivida pela Europa do século XIV e da brutal devastação da peste e das guerras, foi essa a época mais relevante da peregrinação medieval.

Tudo muda, com alguma brusquidão, nos primórdios do século XVI. A Reforma protestante acarreta uma primeira interrupção histórica da peregrinação jacobina. Antes de tudo, por questionar radicalmente o valor religioso da romaria. E também porque seu triunfo em boa parte da Europa extingue, ou pelo menos reduz ao mínimo, a tradição jacobina em países com sólidas raízes nesse aspecto, como Alemanha, Holanda, Inglaterra e também, embora em menor medida, nos diversos reinos escandinavos. A peregrinação a Santiago deixa de ser um tema comum entre os povos europeus para se converter em prática exclusiva do mundo católico.

Paradoxalmente, é nesse mesmo desafio que a romaria a Santiago encontra explicação para uma segunda etapa de esplendor, que perdurará por grande parte dos séculos XVII e XVIII. A reforma católica enfatizou a potencialização e a defesa das doutrinas e práticas mais questionadas pelos reformados. A peregrinação foi uma delas. E Santiago, já convertido em referencial hispânico, beligerante contra os inimigos da fé e envolto em novo manto que é o da cultura barroca, viveu uma nova idade de ouro como meta de peregrinação dos católicos. Uma peregrinação que vai pouco a pouco se afirmando como meridional europeia e, com o passar do tempo, preferencialmente ibérica.

O século XIX e boa parte do XX constituem um novo período na já milenária tradição da romaria jacobina. Sem chegar a desaparecer de todo, a tradição vai sendo esquecida. Apenas nos anos santos é detectado um recrudescer do fenômeno que muitos relatos da época davam como algo destinado à extinção.

As mudanças, a princípio tímidas, ocorrem desde meados do século XX. O surgimento das primeiras associações de Amigos do Caminho na França e depois na Espanha prenunciam o renascimento civil da peregrinação. A própria Igreja, e em especial a compostelana, esforça-se para não deixar morrer a tradição, fomentando-a e evocando-a, sobretudo nos anos santos. O regime de Franco, por sua vez, ensaia na década de 1960 fórmulas turísticas que precedem, sob muitos aspectos, o que virá a se organizar em torno do fenômeno jacobino a partir da última década do século. Por fim, escritores, historiadores, cineastas e artistas voltam o olhar para a antiga peregrinação, que começam a perceber como um episódio distinto do que era até então considerado.

Todo esse pano de fundo ganhou vida por uma série de eventos. A visita do Papa João Paulo II a Santiago em 1982; a iniciativa de Elias Valiña de marcar com flechas amarelas os diversos trechos das estradas; o respaldo do Conselho da Europa; a publicação de diversos livros convertidos em best-sellers a respeito de vários aspectos do Caminho, destacando-se sobremaneira o famoso e controvertido texto de Paulo Coelho; a criação do Xacobeo1 e os esforços organizacionais de diferentes instituições espanholas; o reconhecimento universalista da UNESCO.

Tudo isso explodiu, com êxito, no Ano Santo de 1993. E desde então o Caminho, os caminhos e a romaria a Compostela não parou de, ao mesmo tempo, crescer e se reinventar. Muitos peregrinos contemporâneos, alguns deles multiperegrinos, encontraram no Caminho uma nova forma de comunhão com a natureza, com a história, com as pessoas. O Caminho transformou-se num fenômeno viral, universal e, para a maioria, mais espiritual do que propriamente religioso.

Conheci Maria Alice Medina num curso que, organizado pelos Cursos Internacionais da Universidade de Santiago de Compostela, buscava combinar o estudo do idioma espanhol com a história, a arte e as tradições do Caminho. Se não me falha a memória, isso aconteceu em 2007 e os estudantes (todos brasileiros, à exceção de uma dinamarquesa que os outros carinhosamente apelidaram de "a estrangeira"), entusiastas do Caminho e eles mesmos peregrinos, ensinaram-me muito mais do que eu a eles. Talvez não da história da peregrinação, mas sem dúvida das emoções, experiências e significados que teve em suas vidas o fato de se aventurarem pelo Caminho.

Maria Alice pode ser um bom exemplo do que representa o Caminho para muita gente. Mulher culta, cosmopolita e cidadã do mundo, encontrou na simplicidade do caminhar e no encontro com gente de todas as idades, condições e nacionalidades uma nova dimensão de sua vida. Do rock ao Caminho.

José M. Andrade,

Professor José Andrade, catedrático de historia medieval do Caminho, na Univ. de Santiago de Compostela. Tornou-se um grande amigo.

Profesor José Andrade, catedrático de historia medieval del Camino, en la Univ. de Santiago de Compostela. Se convirtió en un gran amigo.

Programa promocional, cultural e turístico de dinamização do Caminho de Santiago, elaborado em 1991, aproveitando-se a celebração religiosa dos anos santos compostelanos. Em galego Xacobeo e em espanhol Jacobino, o termo provém de Jacob/Iacobus, nome bíblico original de Santiago (São Iacob). (N. da T.)

Saida da cidade de PORTOMARIN Ponte sobre o Rio MINHO - GALICIA
Salida de la ciudad de Puertomarín. puente sobre el rio Miño – Galicia.

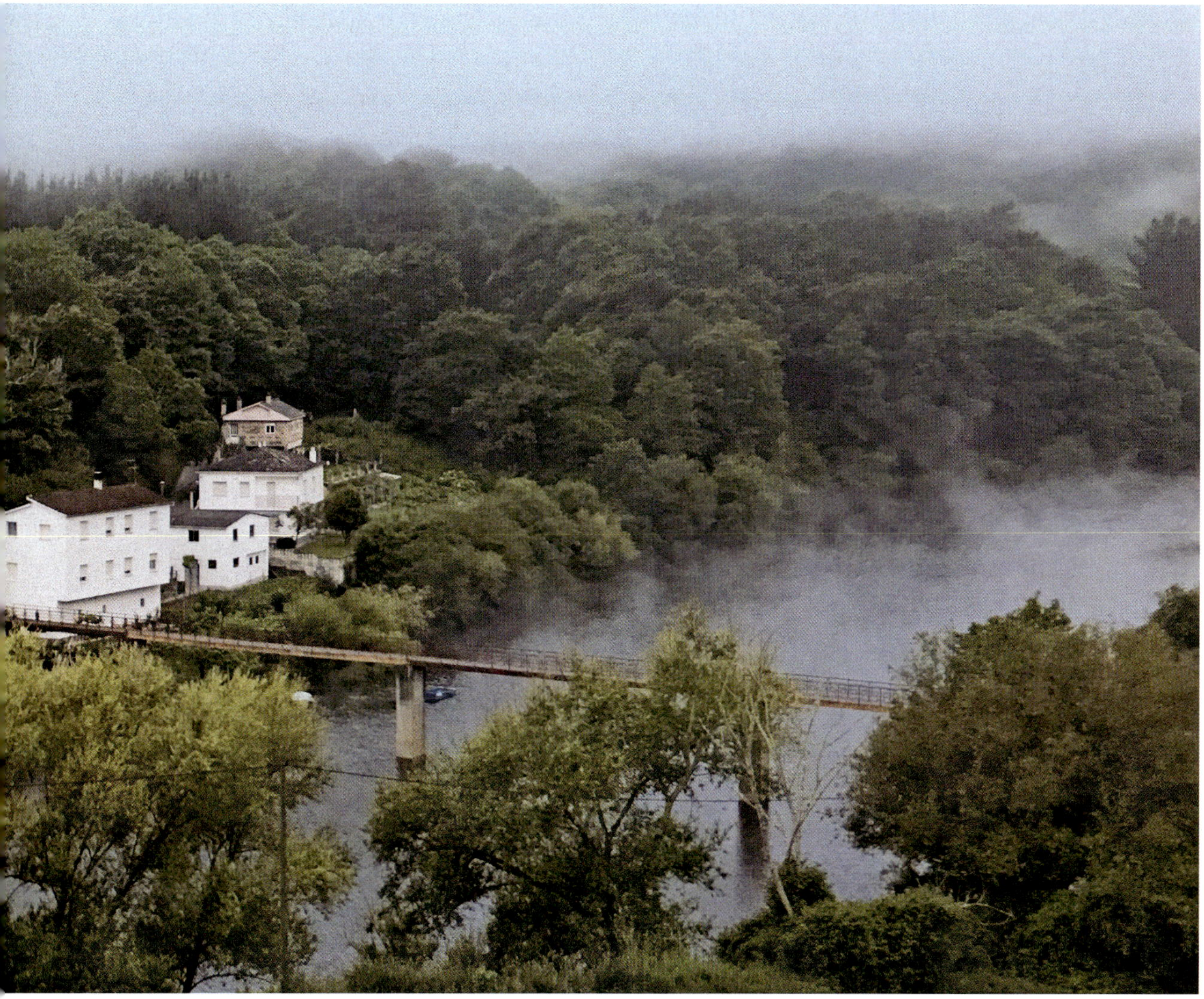

UNA PINCELADA DE LA HISTORIA DEL CAMINO

A comienzos del siglo IX, probablemente en la década del 820-830, se descubrió una sepultura que fue identificada como perteneciente al apóstol Santiago, el Mayor. El lugar de ese hallazgo era un antiguo cementerio en desuso, situado en el corazón de Galicia, en el Noroeste de la Península Ibérica, concretamente en tierras de la diócesis de Iria. Las personas que avalaron, con su autoridad, la autenticidad del hallazgo fueron dos: el obispo de Iria, Teodomiro, y el rey de Asturias, Alfonso II. El primero se enterró, frente a las convenciones de aquella época, junto al supuesto sepulcro apostólico. El segundo acudió personalmente a aquel lugar y creó allí una primera iglesia alrededor del edificio funerario. Es por eso que hay quien sostiene que debe considerarse al rey astur como el primero de los peregrinos jacobeos de la historia.

Las peregrinaciones son una tradición universal de buena parte de las religiones. El cristianismo no fue, ni es, a este respecto, una excepción. La visita a lugares que conservaban el recuerdo, y las reliquias, de los mártires y santos se documenta desde época bastante temprana. Ni que decir tiene que por detrás de Tierra Santa, preñada de claves esenciales para los fieles cristianos y de Roma, en donde según la tradición habían sido martirizados San Pedro y San Pablo, los lugares que conservaban restos apostólicos emergían como especiales y singulares destinos de las grandes peregrinaciones. La identificación del sepulcro atribuido a Santiago el Mayor vino a completar el panorama de las iglesias apostólicas y en un lugar, el extremo occidental del mundo entonces concebido en la Cristiandad, carente hasta esa época de ellas. O lo que es lo mismo, el hallazgo de la tumba que se creía contenía los restos de Santiago el Mayor, dio paso a una nueva meta de peregrinaje.

La peregrinación a Compostela debió de comenzar siendo algo bastante modesto y eminentemente local: primero quizá solo conocida y practicada por las gentes del reino de Asturias, después por los cristianos del resto de la Hispania del siglo IX. De todos modos tenemos constancia de que la noticia del hallazgo del sepulcro ya había traspasado la frontera peninsular en la segunda mitad del siglo IX. Con todo, habrá que esperar al siglo X para encontrarnos con peregrinos venidos de más allá de los Pirineos. Éstos aún no seguían una ruta preferente, es decir aún no había nada parecido a un "camino de Santiago" y, de hecho, es más que probable que las peregrinaciones por vía marítima fueran más importantes de lo estimado hasta hace poco.

A partir de mediados del siglo XI la peregrinación a Santiago va a ir recibiendo una serie de impulsos que la van a transformar para lo que queda de Edad Media. Son impulsos estructurales, procedentes de las dinámicas propias del feudalismo, que van a generar un despegue demográfico y una época de crecimiento agrícola, de reactivación del comercio y de la vida urbana, que funcionan como telón de fondo que explica el éxito del peregrinaje.

Hay que tener también en cuenta los impulsos políticos. Muchos reyes hispanos respaldan política, social y económicamente a los peregrinos y a la Iglesia de Santiago. Apoyaron el mantenimiento y mejora de las redes viarias que comenzaban a ser más transitadas por los peregrinos. Por último, pero no por ello menos importante, comenzaron a intentar tender puentes, de todo tipo, con los reinos y sociedades del resto de la Cristiandad occidental.

La Iglesia, obviamente, también tiene una importante contribución a esta marea de impulsos que van a acabar por convertir la peregrinación a Compostela en una de las mayores manifestaciones de este tipo en el ámbito de la Cristiandad medieval. La Iglesia, como institución, vive en los siglos XI y XII una época de consolidación y reforzamiento jerárquico. Va a señalar, además, a la peregrinación como una de esas buenas obras con un valor singular para la salud espiritual de los fieles. El mundo monástico, tan importante en el mundo medieval, no es ajeno a este despegue jacobeo. Algunos monasterios se ubican junto a las rutas por donde transitan los peregrinos, o éstos modifican su caminar para pasar junto a ellos. De este modo unos pueden dispensar y otros recibir la hospitalidad, que es una de las principales señas de identidad de la espiritualidad y de los usos monásticos, en especial en el dominante entonces universo benedictino. La iglesia de Santiago, por último, también aporta su importante grano de arena. Se convierte en una iglesia rica y poderosa y comienza una deriva para, sin tratar de oscurecer a la sede romana, que le sea reconocida su importancia apostólica y como principal iglesia de la parte occidental de la Cristiandad.

Todos estos impulsos cristalizan a comienzos del siglo XII bajo la carismática égida de Diego Gelmírez, primer arzobispo de la sede de Santiago. En época de este prelado se ordenaron redactar una serie de obras históricas, de proyectos documentales y de compendios de naturaleza jacobea que nos permiten vislumbrar una peregrinación que se presenta como común a toda la Cristiandad, multitudinaria y, en definitiva, exitosa. Es también Gelmírez el que impulsa la construcción de la gran catedral románica que había sido iniciada años atrás. La obra, de dimensiones sin paralelo en el ámbito hispánico contemporáneo, y formalmente en línea con lo más selecto y puntero del arte y de la arquitectura de la Europa del momento, es el máximo exponente del prestigio entonces alcanzado por la iglesia compostelana y por su peregrinación.

Pero, pese a su importancia y significado, es posible que la época de Gelmírez no sea la del clímax de la peregrinación jacobea antes de la época presente. De hecho los tres siglos que quedan hasta el final de la Edad Media son un período apenas ininterrumpido de crecimiento de la peregrinación. Los peregrinos proceden cada vez de más sitios y son de un rango social quizá más diversificado que antes; es perceptible un incremento de la peregrinación femenina; rebrotan con fuerza las peregrinaciones por vía marítima y ahora no hay duda de la existencia de una serie de rutas que puedan aspirar a ser concebidas como algo semejante a caminos de Santiago. La espiritualidad que emerge como mas característica de esta época, además, sintoniza muy bien con la peregrinación. Puede sostenerse, de hecho, que pese a la fortísima crisis vivida por la Europa del siglo XIV y al embate, brutal, de la peste y de las guerras, esta es la época más relevante de la peregrinación medieval.

Todo cambia, con cierta brusquedad, a principios del siglo XVI. La Reforma protestante supone un primer parón histórico para la peregrinación jacobea. Para empezar porque cuestiona, radicalmente, el valor religioso de la peregrinación. Para seguir porque su triunfo en buena parte de Europa corta, o cuando menos reduce al mínimo, la tradición jacobea en países con sólida raigambre en este sentido como Alemania, Holanda o Inglaterra y también, aunque en menor medida, en los distintos reinos escandinavos. La peregrinación a Santiago deja de ser un asunto común de las gentes de Europa para convertirse en una práctica solo seguida por el mundo católico.

Paradójicamente, en este reto la peregrinación a Santiago encuentra la clave de una segunda etapa de esplendor que va a abarcar buena parte de los siglos XVII y XVIII. La Contrarreforma católica puso el énfasis en potenciar y defender aquellas doctrinas y prácticas más cuestionadas por los reformados. La peregrinación fue una de ellas. Y Santiago, convertido ya en referente hispánico, beligerante contra los enemigos de la fe y envuelto en un nuevo manto que es el de la cultura barroca, vivió una nueva edad de oro como meta de peregrinación de los católicos. Una peregrinación que va concretándose, poco a poco, como meridional europea y, con el paso del tiempo, preferentemente ibérica.

El siglo XIX y buena parte del XX suponen un nuevo período en la ya milenaria tradición de la peregrinación jacobea. Sin llegar a desaparecer del todo, la tradición va difuminándose. Solo en los años santos se detecta un cierto rebrote del fenómeno que muchos testimonios del momento daban como algo abocado a su extinción.

Los cambios, tímidos al principio, van a sucederse desde mediados del siglo XX. La aparición de las primeras asociaciones de amigos del Camino, primero en Francia luego en España, preludia el renacimiento civil de la peregrinación. La propia Iglesia, en especial la compostelana, se esfuerza en no dejar morir esta tradición, fomentándola y evocándola sobre todo en los años santos. El régimen franquista, por su parte, ensaya en los años sesenta fórmulas turísticas que preludian, en muchos aspectos, lo que va organizarse desde los años 90 alrededor del fenómeno jacobeo. Por último, escritores, historiadores, cineastas y artistas ponen su mirada en la vieja peregrinación que comienzan a percibir como algo distinto de lo que tradicionalmente se decía.

Todo este telón de fondo cobró vida por una serie de eventos. La visita del Papa Juan Pablo II a Santiago en 1982; la iniciativa de Elías Valiña de marcar con flechas amarillas en los diversos tramos de las carreteras; el respaldo (-) del Consejo de Europa; la publicación de diversos libros convertidos en best seller acerca de los varios aspectos del Camino, destacando especialmente el famoso y controvertido texto de Paulo Coelho; la creación del Xacobeo y los esfuerzos organizativos de distintas instituciones españolas; el reconocimiento universalista de la Unesco.[1]

Todo esto estalló, exitosamente, en el Año Santo de 1993. Y, desde entonces, el Camino, los caminos y la peregrinación a Compostela no ha dejado de crecer y de reinventarse a la vez. Muchos de los peregrinos contemporáneos, algunos de ellos multiperegrinos, han encontrado en el Camino una nueva forma de comunión con la naturaleza, con la historia, con las gentes. El Camino se ha vuelto un fenómeno viral, universal y más espiritual que propiamente religioso para la mayoría.

Conocí a Maria Alice Medina en un curso que, organizado por Cursos Internacionales de la Universidade de Santiago de Compostela, intentaba combinar el estudio del español con la historia, el arte y las tradiciones del Camino. Fue en 2007, si no me falla la memoria, y los estudiantes (todos brasileños menos una danesa, a la que el resto definían, cariñosamente, como "la extranjera") entusiastas del Camino y peregrinos ellos mismos, me enseñaron a mi mucho más que yo a ellos. Quizá no de la historia de la peregrinación, pero sí sin duda de las emociones, experiencias y significados que el aventurarse en el Camino había tenido en sus vidas.

Maria Alice puede ser un buen ejemplo de lo que significa el Camino para muchas personas. Mujer culta, cosmopolita y de mundo, ha encontrado en la simplicidad del caminar y en el encuentro con gentes de toda edad, condición y nacionalidad, una nueva dimensión de su vida. Del rock al Camino.

José M. Andrade,
Catedratico de Historia Medieval del camino, en la Univ. de Santiago de Compostela.

Programa promocional, cultural y turístico de dinamización del Camino de Santiago, elaborado en 1991, aprovechando la celebración religiosa de los años santos compostelanos. En gallego Xacobeo y en español Jacobino, el termino proviene de Jacob / Iacobus, nombre bíblico original de Santiago (San Jacob). (N. da T.)

Bem
LÁ NO INÍCIO

MONO
TONIA
NUNCA
TIVE!

Meus pais eram festeiros, exímios dançarinos e adoravam receber e, como filha única, podia tudo, desde que fosse em minha casa, proporcionando oportunidades para sempre estar cercada de pessoas amigas e também para fazer novas amizades. Poucos mimos, criada para a vida!

Fui bandeirante e acredito que foi nesta experiência que minha escolha por trabalho comunitário foi se formando e me estruturou muito como pessoa, me fazendo sempre harmonizar, cuidar e dar um jeitinho para que todos se sentissem bem.

Minha educação, controlada por minha mãe Celia, general de coração mole, com rédeas firmes, orientava minha personalidade libriana e completava o impulso deste fazer constante pelo social, pelo bem comum.

Meu parceiro de vida não poderia ter sido diferente e assim foi. Com Roberto Medina nao havia nenhuma rotina! Confiança e admiração mútua! Criatividade, coragem e vontade de fazer bem feito. A vida seguiu assim. Meus filhos amados me completando como mulher e mãe e nossa casa com muitas festas e amigos sempre. Se listássemos os acontecimentos em família... não caberiam em uma vida!!!

Sempre bons motivos para acelerar, para ajudar, para fazer acontecer. A vida se fortalecia em convicções. A cada ano um desafio maior do que o anterior.

Roberto sempre foi movido por desafios. Tinha e tem talento de sobra para vencê-los, além da responsabilidade profissional, o perfeccionismo e a exigência de divulgar e realizar seriamente pelo bem comum.

Meus filhos recebiam sementinhas cerebrais o tempo todo, plantando neles também esta intenção do bom exemplo e do cuidado com o próximo. Estava mesmo já no DNA recebido do avô Abraham Medina que, ao organizar lindas paradas de natal, ia pessoalmente conferir as lâmpadas para que não faltasse nenhuma e tudo ficasse perfeito. Meu trabalho social preenchia lacunas e estava sempre lá para me abastecer a alma. Eu estava feliz. Gostava de me envolver, participar de tudo, e felizmente meu temperamento nada linear, sempre ajudou muito.

A vida acelerava! Desafios postos, desafios vencidos e logo passávamos a um novo desafio. Ele dizia: "eu pensei..." e minha resposta: "vamos"... D. Quixote e Sancho Pança (magrinho!)

Os shows para públicos variados traziam alegria em momento conturbado do nosso País. Foi assim com o grandioso show de Sinatra estadio do maracanã, com Barry White, que cantou no hotel RIO Palace (hoje Sofitel) na Av. Atlântica e no Maracanãzinho, com Julio Iglesias cantando também no mesmo hotel e no campo do Flamengo para 45.000 pessoas. Participamos da campanha de emancipação da Barra da Tijuca (me lembro bem do grupo de mulheres que formamos para mostrar a possibilidade de progresso e ordem). Não conseguimos! O cidadão morador da Barra foi para a praia em lindo domingo de sol, ao invés de votar pelos seus interesses sociais. O cenário político do Rio não agradava. Não contribuía em nada para que os empresários investissem na cidade. Tudo parecia piorar e estagnar!

Foi então que a vontade de desistir da cidade e do País começou a crescer e nos incomodar no dia a dia. A insatisfação pessoal era permanente e nenhuma das grandes realizações anteriores conseguia aquietar nossas mentes.

BIEN AL COMIENZO ¡Monotonía nunca tuve!

Mis padres eran fiesteros, excelentes bailarines y les encantaba recibir. Y como hija única, lo podía todo, desde que fuera en mi casa, lo que me proporcionaba oportunidades para estar siempre rodeada de personas amigas y también para hacer nuevas amistades. Pocos mimos, ¡creada para la vida!
Fui chica scout, y creo que fue en esta experiencia que mi elección por trabajo comunitario se fue formando y en mucho me ha estructurado como persona, haciéndome siempre disponible en armonizar, cuidar y buscar siempre dar una manera para que todos se sintieran bien.
Mi educación, controlada por mi madre Celia, general de corazón blando, con estrecha vigilancia, orientaba mi personalidad de mujer libra, y completaba el impulso de este hacer constante por el social, por el bien común.

Mi compañero de vida no podría ser diferente, y así siempre fue. Con Roberto Medina ¡no había rutina! ¡Confianza y admiración mutua! Creatividad, coraje y deseo de hacer todo bien hecho. Y así siguió la vida. Mis amados hijos me completaban como mujer y madre. Nuestra casa con muchas fiestas y siempre con amigos. Si hiciéramos una lista con los eventos en familia, no cabría en una vida.
Siempre con buenas razones para acelerar, para ayudar, para hacer que suceda. La vida se fortalecía en convicciones. A cada año un reto mayor que el anterior.
Roberto siempre fue movido por desafíos. Tenía y tiene talento de sobra para vencerlos, además de la responsabilidad profesional, el perfeccionismo y la exigencia de difundir y llevar a cabo seriamente todo por el bien común.

Mis hijos recibían semillitas cerebrales todo el tiempo, sembrando en ellos la intención del buen ejemplo y el cuidado con el prójimo. Estaba ya en el ADN recibido de su abuelo Abraham Medina que, al organizar inmensas y lindas paradas de navidad, iba personalmente a revisar las lámparas para que no faltara ninguna y todo quedara perfecto.
Mi trabajo social llenaba los vacíos, y estaba siempre allí para alimentar el alma. Yo estaba feliz.
Me gustaba de involucrarme, de participar de todo, y por suerte mi carácter nada linear, siempre me ha ayudado mucho.

¡La vida aceleraba! Desafíos puestos, retos vencidos y luego pasábamos para un nuevo desafío. El creaba y decía: "yo pensé..." y mi respuesta era: "vamos..." Don Quijote y Sancho Panza (¡pero flaquito!).

Los shows para un público variado traían alegría en un momento conflictivo de nuestro país. Fue así con el gran espetaculo de Sinatra enel estadio do maracanã con Barry White, que cantó en el hotel RIO Palace (hoy Sofitel), en la Avda. Atlántica y en el Maracanãzinho, con Julio Iglesias, cantando también en el mismo hotel y en el Campo de Flamengo para 45.000 personas.

Participamos de la campaña de emancipación de la Barra de la Tijuca (me acuerdo bien del grupo de mujeres que formamos para mostrar la posibilidad de progreso y orden. ¡No conseguimos! El ciudadano residente de la Barra se fue a la playa en un hermoso domingo de sol, en lugar de votar por sus intereses sociales,

El panorama político de Rio no agradaba. No contribuía en nada para que los empresarios invirtieran en la ciudad. Todo parecía empeorar y estancarse.

Fue entonces que el deseo de dejar la ciudad, el país, comenzó a crecer y a incomodarnos en el día a día. La insatisfacción personal era permanente y ninguna de las grandes realizaciones anteriores conseguian tranquilizar nuestras mentes.

Foi quando em uma conversa difícil, e que me pareceu decisória, eu disse:

"Como ir embora sem antes fazer algo pelo País? Você é capaz de criar algo!!! Pela cidade não se consegue... então, pelo País!"

E saí de perto deixando aquele Ser pensante zangado comigo, mas tocado pelo desafio. De vez em quando eu espiava de longe: sentado estava por horas, com o clássico gesto de pensar com o dedo sobre o nariz. Pela manhã me chamou para dizer que tinha criado o projeto inicial do Rock in Rio – um grandioso festival de música, que divulgaria nossos músicos, nosso País e traria alegria e emoção ao povo carioca e aos brasileiros.

Um mês depois, já estávamos nós alojados no hotel Beverly Hilton, em Los Angeles, com Oscar Ornstein e Luiz Oscar Niemeyer, onde transformamos um enorme apartamento em escritório. Fotos, perspectivas e gráficos cobriam as paredes e lá fizemos muitas e muitas reuniões com empresários de bandas, advogados e amigos do show business. Enfrentamos muitos nãos, muita resistência e descrença de que conseguiríamos construir tudo aquilo prometido para dali a exatos seis meses. Bateu desânimo e irritação!

Ideias surgiam de como convencer os empresários das bandas que seríamos capazes de cumprir os contratos - a cada dia, novas tentativas e nada. Já se passara um mês e nenhum contrato havia sido assinado! Em mais um dia de caminhada, o ânimo baixou mesmo e ele quis desistir:

"Vamos embora pra casa. Não quero mais. Não vai rolar!"

Me lembro bem de ter parado de frente para ele; coloquei minhas mãos em seus ombros e disse: "Não vamos desistir! Tá mesmo difícil, mas já está acontecendo, já tem gente aqui que acredita: Eu, Oscar e Luiz Oscar. Este avião já decolou. Não tem como parar!"

Voltamos ao hotel com outro ânimo e veio a ideia do que fazer: pedir apoio ao nosso já muito amigo Milton Rudin, empresário do Sinatra, para convocar coletiva de imprensa - revistas especializadas, televisões e jornais. Mickey (era este seu carinhoso apelido) deu seu aval ao nosso profissionalismo, contou como havíamos cumprido integralmente o contrato e os detalhes do show do Sinatra no Maracanã.

No dia seguinte foi imensa a cobertura da imprensa. Nossas reuniões começaram a progredir e logo conseguimos o primeiro contrato com JIM BEACH, da banda Queen, depois George Benson, e então todas as bandas que havíamos contatado, no esforço inicial, nos procuraram para participar do festival.

Era o final do ano de 1984, fizemos então uma feijoada para todos os operários que trabalhavam firme para cumprimos os prazos. Naquele dia chegaria ao Rio o primeiro enviado de artista para verificar tudo: KEN FRITZ, empresário do George Benson. Eu mesma fui buscá-lo no hotel. Entrei com meu carro pelos portões do Rock e parei para que pudesse ver toda a área do terreno. Ken trazia nas mãos uma lista de detalhes a serem checados. Ficou estupefato! Me disse:

"Como vocês conseguiram?"

Quando chegamos aonde estava Roberto, Ken o abraçou e disse:

"Parabéns! Seu festival é real!"

E rasgou o papel das verificações sem fazer perguntas.

seguía calmar la mente de mi pareja.

Fue cuando en una conversación difícil, que me pareció toma de decisiones, yo le dije:
"¿Cómo irnos sin antes hacer algo por el país? ¡Vos tienes la capacidad de crear algo! Por la ciudad no se consigue... ¡entonces por el país!"
Y salí de allí, dejando aquel ser pensante enojado conmigo. Pero tocado por el desafío. De vez en cuando espiaba de lejos: estaba sentado por horas, con el clásico gesto de pensar con el dedo sobre la nariz.

Por la mañana me llamó para decir que había creado el proyecto inicial del Rock in Rio – un grandioso festival de música, que divulgaría nuestros músicos, nuestro País, y traería alegría y emoción al pueblo carioca y a los brasileños.

Un mes después, ya estábamos alojados en el hotel Beverly Hilton, en Los Ángeles, con Oscar Ornstein y Luiz Oscar Niemeyer, donde transformamos un enorme departamento en oficina. Fotos, perspectivas y gráficos cubrían las paredes y allá hicimos muchas y muchas reuniones con muchos empresarios de bandas, abogados y amigos del show business. Enfrentamos muchos noes, mucha resistencia e incredulidad de que conseguiríamos construir todo lo prometido para exactos seis meses. Con esto nos golpeó el desánimo y nos vino la irritación.

Surgieron ideas de cómo convencer a los empresarios de las bandas de que seriamos capaces de cumplir los contratos – a cada día, nuevos intentos y nada. Ya había pasado un mes ¡y ningún contrato había sido firmado! En más un día de caminata, le bajó el desánimo a Roberto y quiso abandonar todo. Vámonos a casa. No quiero más. ¡Nada hecho!

Me recuerdo de haber parado en su frente; haberle colocado mis manos en sus hombros y decirle: "No vamos a desanimar. Verdad que está difícil, pero ya está aconteciendo, tenemos gente que cree como yo, Oscar y Luiz Oscar. Este avión ya ha despegado. No hay como pararlo"

Regresamos al hotel con nuevos ánimos. Y entonces vino la idea de que hacer. Pedir apoyo a nuestro gran amigo Milton Rudin, empresario de Sinatra, para llamar a una conferencia de prensa – revistas especializadas, televisiones y periódicos. Mickey (este era su apodo cariñoso) dio su aval a nuestro profesionalismo, nos comentó como habíamos cumplido plenamente el contracto y los detalles del show de Sinatra en el Maracanã.

Al día siguiente fue inmensa la cobertura de la prensa. Nuestras reuniones comenzaron a avanzar y luego conseguimos el primer contrato con JIN BEACH, de la banda Queen, después George Benson, y entonces todas las bandas que habíamos contactado en el esfuerzo inicial nos buscaron para participar del festival.

Era el final del año de 1984, entonces hicimos una feijoada para todos los obreros que trabajaban con afinco para poder cumplir con los plazos. En ese día llegaría a Rio el primer enviado de artista para verificar todo. KEN FRITZ, empresario de George Benson. Yo misma lo fui a recoger en el hotel. Entré con mi auto en los portones del Rock y me detuve para que el pudiera ver toda la área del terreno. Ken portaba en las manos una lista de detalles para ser chequeados. ¡Se quedó estupefacto! Me dijo:

¿"Como consiguieron"?
Cuando llegamos a donde estaba Roberto, Ken lo abrazó y le dijo:
¡"Felicitaciones! ¡Tú festival es real"!
Y rompió el papel de las verificaciones sin hacer preguntas.

NOS **BASTIDORES** DO
JANTAR FAMÍLIA

O desafio foi criar um festival que trouxesse harmonia e integração entre países, usando a música como veículo de paz. Planejamos um jantar em nossa casa, visando o entrosamento entre artistas nacionais e estrangeiros com seus empresários, possibilitando conversas e trocas de experiências que seriam impossíveis em qualquer lugar público, pelo assédio dos fãs.

O evento aconteceu dois dias antes da estreia do Rock in Rio I, no dia 9 de janeiro de 1985. Mesas no jardim, aproveitando as noites menos quentes do verão daquela época, orquídeas, frutas brasileiras, muita água mineral, menu respeitando dietas e possíveis alergias de qualquer pessoa, tudo escolhido com extremo cuidado pelo querido e saudoso chef Caruso, reconhecido buffet carioca naquele momento.

O jantar foi mantido em segredo por todos que trabalhavam na casa. Os artistas entrariam pela garagem bem iluminada e lindamente decorada para receber o cast do rock com conforto, discrição e segurança, recepcionados com flores, frutas e aromas brasileiros. O ambiente era de expectativa, mas também de entusiasmo pelos artistas e por toda a equipe: afinal, estava nascendo ali o maior festival de música já realizado em nosso País!

Na sala da casa Roberto fez um discurso leve e alegre de acolhimento, contando um pouco sobre como criou o festival e dos desafios para realizar aquele que já seria, desde sua estreia, o maior evento de música do mundo; e que continua, até hoje, a crescer e encantar pessoas em vários continentes.

Gente bonita, todos muito alegres e informais pela oportunidade da inédita confraternização, cada qual em

EN LOS BASTIDORES DE LA CENA FAMILIAR.

La intención fue crear un festival que trajera armonía e integración entre países, usando la música como vehículo de paz. Planeamos una cena en nuestra casa, con vistas a la integración entre artistas nacionales y extranjeros con sus empresarios, posibilitando conversaciones, intercambio de experiencias que serían imposibles en cualquier lugar público por el acoso de los fans.

El evento ocurrió dos días antes del estreno de Rock in Rio I, en el día 9 de enero de 1985. Mesas en el jardín, aprovechando las noches menos calurosas del verano de aquella época, orquídeas, frutas brasileñas, mucha agua mineral, menú respetando dietas y posibles alergias de cualquier persona, todo seleccionado con extremo cuidado por el querido y recordado chef Caruso, reconocido buffet carioca en ese momento.

La cena fue guardada en secreto por todos los que trabajaban en la casa. Los artistas entrarían por el garaje bien iluminado y hermosamente decorado para recibir el cast del rock con comodidad, discreción y seguridad. Recibidos con flores, frutas y aromas brasileños. El ambiente era de expectativa, pero también de entusiasmo por los artistas y todo el equipo. ¡Después de todo, allí estaba naciendo el mayor festival de música ya realizado en nuestro país!

En la sala de casa, Roberto hizo un discurso liviano y alegre de acogida, contando un poco de como creó el festival y los desafíos que tubo para para realizar aquel que ya seria, desde su estreno, el mayor evento de música del mundo; y que continua hasta el día de hoy, a crecer y encantar a las personas en varios continentes.

Gente bonita, todos muy alegres e informales por la

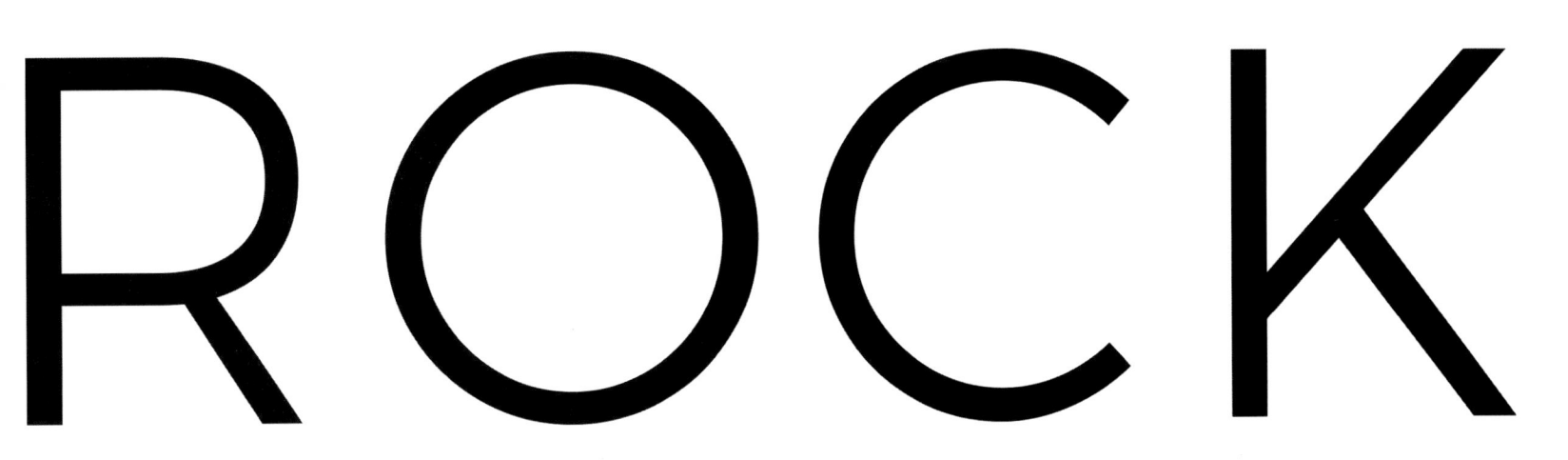

ROCK

seu estilo... Nina Hagen apareceu com seus longos cabelos vermelhos, usando meias arrastão e roupa inteiriça em estampa de cobra colada ao corpo. Trazia amarrada no cinto a cabeça de um cachorro preto de pelúcia que, pendurado pra frente com enorme língua vermelha, acenava atrevido a cada movimento do corpo da artista.

O grupo do Queen, com músicos tão expansivos no palco, fora dele comportava-se timidamente, todos sempre sorrindo... David Coverdale, da banda Whitesnake, usava um lindo diamante nas orelhas e foi eleito o homem mais bonito da noite. Baby Consuelo, grávida de Pedro Baby, levou junto sua alegria e irreverência de sempre. As lindas cabeleiras da Elba Ramalho e Morais Moreira se destacavam no ambiente...

Na varanda da casa, Luiz Carlos Vinhas preenchia a noite com músicas brasileiras ao piano Yamaha meia cauda – comprado para o show de Sinatra no Maracanã, cinco anos antes –, fazendo dueto vocal com George Benson! Naquele piano já haviam tocado Burt Bacharach, Barry White e Julio Iglesias...

Eram aproximadamente 80 pessoas. Cada um dos meus filhos havia convidado um amigo para participar da incrível noite: Junior, adolescente com dezesseis anos; Rodolfo, nos seus oito; e Roberta, com seis anos. Tudo corria como planejado, jantar sendo servido e todos circulando tranquilamente, quando ruídos e risadas infantis começaram a chamar a atenção...

Percebemos, então, que muitas crianças do condomínio haviam conseguido subir no muro que cercava a casa e, sentadas confortavelmente com as perninhas pra dentro do jardim, a tudo assistiam de camarote! Foi o que faltava para a informalidade da noite fechar com chave de ouro: artistas começaram a acenar simpaticamente, o que deu chance a gritinhos de entusiasmo e pedidos de autógrafos se seguirem. Meus filhos e amigos se viram transformados em verdadeiros estafetas da alegria, correndo de um lado ao outro das mesas até o muro, em idas e vindas infindáveis, buscando papéis e cadernos para autógrafos e devolvendo a seus fãs, em glória absoluta por conseguirem os autógrafos de artistas tão famosos!

Ao término do jantar, também os pais das crianças estavam à porta de casa para aplaudir os artistas...

DAVID COVERDALE DO WHITESNAKE
David Coverdale – del Whitesnake.

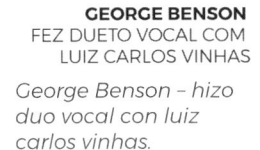

oportunidad de la inédita confraternización. Cada uno a su estilo...Nina Hagen apareció con sus largos cabellos rojos, usando medias de red, y pieza entera en estampa de víbora pegada al cuerpo. Traía atado al cinturón la cabeza de un perro negro de peluche, que colgado hacia adelante con una enorme lengua roja saludaba atrevido a cada movimiento del cuerpo de la artista.

El grupo del Queen, con músicos tan comunicativos en el palco, fuera de él se comportaba tímidamente, todos siempre sonriendo...David Coverdale, de la banda de Whitesnake, usaba un hermoso diamante en las orejas y fue elegido el hombre más hermoso de la noche. Baby Consuelo embarazada de Pedro Baby, llevo con ella su alegría e irreverencia de siempre. Las hermosas cabelleras de Elba Ramalho y Morais Moreira se destacaban en el ambiente...

En el balcón de la casa, Luiz Carlos Vinhas completaba la noche con músicas brasileñas al piano Yamaha de media cola – comprado para el show de Sinatra en el Maracanã a cinco años antes – haciendo dúo vocal con George Benson! En aquel piano ya habían tocado Burt Bacharach, Barry White y Julio Iglesias...

GEORGE BENSON
FEZ DUETO VOCAL COM LUIZ CARLOS VINHAS
George Benson – hizo duo vocal con luiz carlos vinhas.

Eran aproximadamente 80 personas. Cada uno de mis hijos había invitado a un amigo para participar de esta increíble noche. Junior, adolescente de 16 años; Rodolfo en sus 8 años; y Roberta con sus 6 años. Todo iba según lo planeado, la cena siendo servida y todos circulando tranquilamente cuando ruidos y risas infantiles comenzaron a llamar la atención...

Entonces notamos que muchos niños del condominio habían conseguido subir en el muro que rodeaba la casa y sentados cómodamente con las piernitas hacia dentro del jardín, asistían a todo de platea. Era todo lo que faltaba para que la informalidad de la noche se encerrara con broche de oro: artistas comenzaron a saludar simpáticamente, dando oportunidad a que los niños soltaran gritillos de entusiasmo seguidos de pedidos de autógrafos. Mis hijos y amigos se vieron transformados en verdaderos mensajeros de la alegría, corriendo de un lado a otro de las mesas hasta el muro, en idas y venidas interminables buscando papeles y cuadernos para autógrafos y devolviendo a sus fans, que se encontraban en gloria absoluta por conseguir los autógrafos de artistas tan famosos.

EMPRESÁRIO JIM BEACH E A BANDA **QUEEN**
Empresario Jin Beach y la banda Queen

Al término de la cena, también los padres de los niños estaban en la puerta de mi casa para aplaudir los artistas...

NINA HAGEN E MEU FILHO JOMAR JR.
Nina Hagen y mi hijo Jomar Jr.

Ele desenhou um círculo perfeito e toda a reunião se fixou naquele papel sobre a mesa. Discretamente, perguntei do que se tratava... Como sempre, havia organizado toda a infraestrutura do encontro de negócios em minha casa, imaginando ser uma reunião estratégica de campanha publicitária. A resposta veio imediata e firme: "...Rock in Rio II. Decolando deste papel a partir de hoje!!!" Argumentei muito que achava impróprio aquele momento, após uma experiência delicada que nossa família acabara de passar. Que tal esperar mais uns meses? Novamente, a resposta que não admitia contestação: "eu preciso mostrar que estou vivo!".

Naquele momento não consegui concordar com aquela decisão. Me senti quebrando por dentro, sem eixo, sem norte. Silenciosamente, me retirei e mergulhei em mim mesma. Ali ocorreu a cisão!

Era o ano de 1990. Pincei lá do fundo a força da mulher que sempre tive e decidi cursar mais uma faculdade: recomecei a estudar e fiz o resgate da identidade que vinha perdendo há 20 anos sem perceber...

Esse foi também meu primeiro passo rumo ao Caminho a Santiago de Compostela.

FOTO: **CÉSAR LOUREIRO**
AGÊNCIA O GLOBO

FOTO: **RICARDO CUNHA**
CAPA LIVRO 30 AÑOS

FOTO: **RICARDO CUNHA**
PORTADA - 30 AÑOS

ROCK IN RIO 30 ANOS

EL PRIMER PASSO

El dibujó un círculo prefecto y en toda la reunión se fijó en aquel papel sobre la mesa. Discretamente, le pregunte de qué se trataba... como siempre él había organizado toda la infraestructura de la reunión de negocios en mi casa, me imaginaba tratarse de una reunión estratégica de campaña publicitaria. La respuesta vino de inmediato y firme: "...Rock in Rio II. ¡Despegando de este papel a partir de hoy!". Argumenté que me parecía inadecuado en aquel momento, después de una experiencia delicada que nuestra familia había pasado. Qué tal si esperáramos unos meses más. Nuevamente, la respuesta que no admitía contestación. ¡Necesito mostrar que estoy vivo!".

En aquel momento no conseguí estar de acuerdo con aquella decisión.

Me sentí rompiendo por dentro, sin eje, sin norte. En silencio me retire, y me sumergí en mi interior. En ese momento ocurrió la ruptura.

Era el año de 1990, pincé en lo más adentro la fuerza de la mujer que siempre he tenido, y me decidí a hacer una segunda carrera: volví a estudiar y conseguí rescatar la identidad que venía perdiendo hace 20 años sin darme cuenta.

Ese también fue mi primer paso rumbo al Camino a Santiago de Compostela.

Embora o passado, presente sempre.

AÑO DE 1843

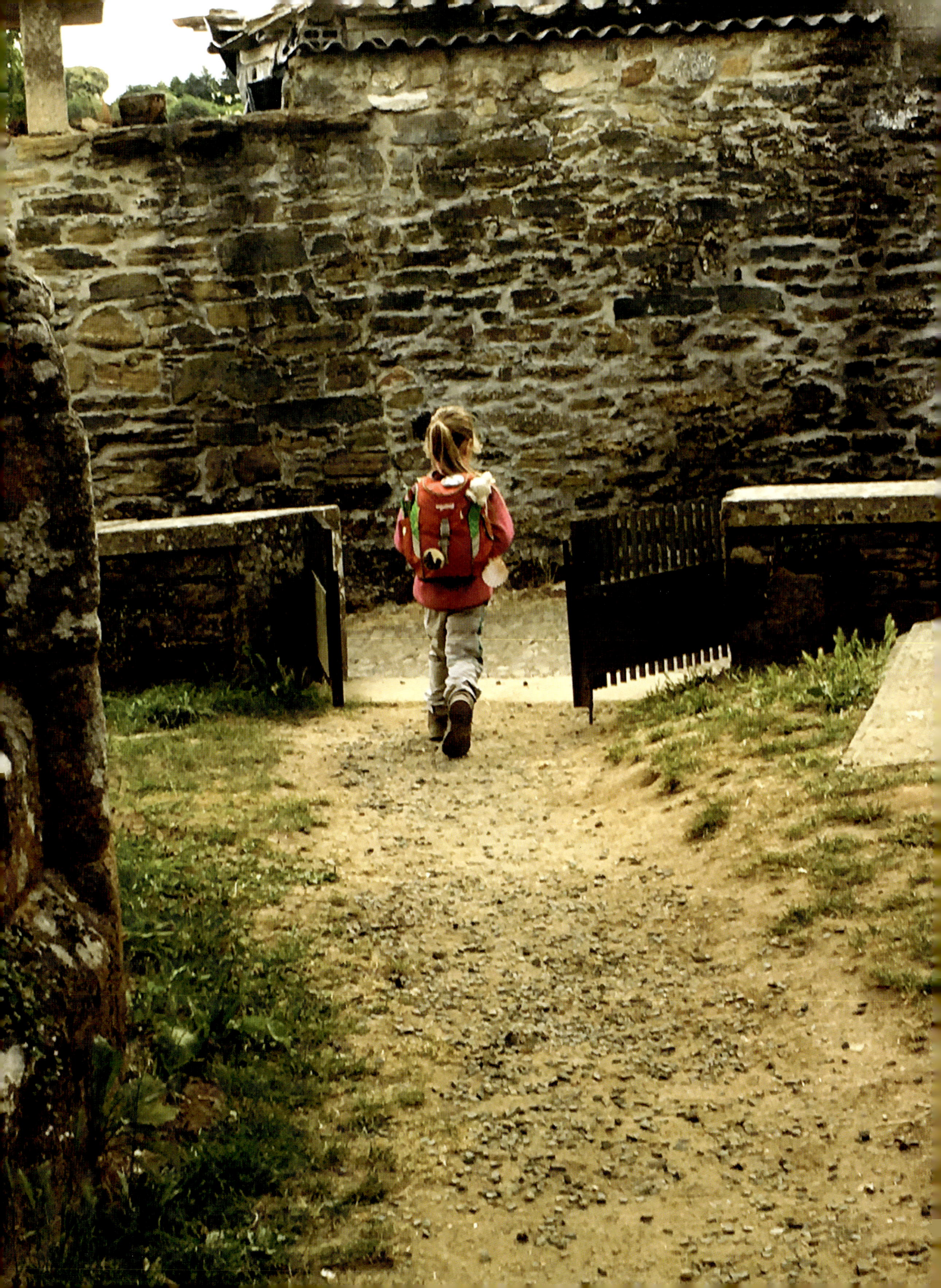

Começo unindo fatos históricos a lendas.

É lá, no Caminho a Santiago de Compostela, rota medieval já com mais de onze séculos, que centenas de milhares de peregrinos percorrem cerca de 800km dentro da Espanha, desde o ano 829, quando foram descobertos os restos mortais de Santiago, que foi um dos apóstolos de Jesus, tendo sido decapitado e levado por seus seguidores para ser sepultado em bosque despovoado na Galícia, porque na época costumava-se enterrar as pessoas onde haviam trabalhado. Em torno de 700 anos mais tarde, foi permitido aos presidiários caminhar ao túmulo de Santiago como indulto de pena. Precisavam chegar ate a Cidade de Finisterre, onde terminam as terras de Espanha começa o mar, e pegar uma concha de vieira para provar ter ido até lá.

Inicialmente os nobres da época começaram a fazer este Caminho. Posteriormente estudiosos e viajantes: assim foi tornando-se um dos itinerários de peregrinação mais conhecidos e percorridos, como os caminhos a Roma, Jerusalém e Meca. Teve seu auge nos séculos XI e XII.

Até o século XVII permaneceu esquecido e, gradativamente, foi redescoberto em meados do século XX. A partir de 1980, a peregrinação vem crescendo substancialmente e os motivos variam de acordo com razões pessoais. A cidade de Santiago de Compostela tornou-se Patrimônio Mundial da Unesco em 1985 e o Caminho a Santiago de Compostela foi declarado, pelo Conselho da Europa, como Primeiro Itinerário Cultural Europeu, em 1987, e Patrimônio da Unesco, em 1993.

Muitas são as rotas que nos levam até a mágica cidade medieval de Santiago. Uma seta amarela aponta a direção a seguir desde a França e Portugal. Todos os itinerários que vêm de outros países a leste da Espanha convergem na cidade de Puente de la Reina, no Caminho Francês, assim chamado por ter sido a rota de invasão para Napoleão Bonaparte. É nele minha maior experiência, atravessando a Espanha e passando pelas províncias de Aragón, Navarra, La Rioja, Castilla y Leon e Galícia.

Pode-se iniciar o Caminho em muitas cidades, dependendo sempre do tempo que se tenha para essa experiência individual. A maioria das pessoas começa em Saint Jean-Pied-de-Port, última cidade francesa na fronteira com a Espanha, ou em Roncesvalles, última cidade na fronteira da Espanha com a França, para aqueles que preferem não encarar os Pirineus.

A pé, de bicicleta, a cavalo ou de moto, pessoas de todas as idades, classes sociais e nacionalidades, turistas, desportistas, místicos e religiosos, ou mesmo agnósticos fazem, neste Caminho, um exercício de desapego – a rota milenar a todos recebe sem restrição ou preconceito, mas o roteiro final quem fará será o seu SER!

E todos compartilham a rica gastronomia regada a vinhos das diversas regiões percorridas. Parte da culinária brasileira reflete essa influência espanhola, principalmente em cidades como o Rio de Janeiro. Prova disso são os inúmeros restaurantes cariocas servindo a saborosa comida hispânica, em todos os seus fortes matizes: frutos do mar, paellas, polvos e chouriços, além dos queijos e doces, dos quais a torta de Santiago é imbatível. A Espanha rural e medieval vai se misturando com a contemporaneidade onde afloram a cada passo nuances das raízes ibéricas que continuam a influenciar, até hoje, nossa cultura.

Essa ponte entre nacionalidades vai sendo costurada aos poucos pela mágica do Caminho, revelando semelhanças onde antes se viam apenas longitudes e distanciamentos. À noite, nos refúgios, isso tudo transborda numa linguagem universal que aproxima todos os peregrinos – a linguagem do coração!

AUNQUE PASADO, PRESENTE SIEMPRE

Comienzo uniendo hechos históricos y leyendas.

Es allá, en el Camino a Santiago de Compostela, ruta medieval con más de once siglos, que cientos de miles de peregrinos que recorrieron cerca de 800 Km dentro de España, desde el año 829, cuando fueron descubiertos los restos mortales de Santiago. Que fue uno de los apóstoles, habiendo sido decapitado y llevado por sus seguidores para darle sepultura en un bosque despoblado en Galicia, porque era costumbre en aquel tiempo enterrar a las personas en donde habían trabajado. Alrededor de 700 años más tarde, fue permitido a los reos caminar hacia la tumba de Santiago como indulto de pena. Necesitaban llegar a la ciudad de Finisterre, adonde terminan las tierras de España y comienza el mar, y recoger una concha de vieira para servir de prueba de que habían estado allá.

Inicialmente los nobles de la época comenzaron a hacer este Camino. Posteriormente estudiosos y viajeros: Así se fue convirtiendo en uno de los itinerarios de peregrinación más conocidos y recorridos, como los caminos a Roma, Jerusalén y Meca. Tuvo su apogeo en los siglos XI y XII. Hasta el siglo XVII permaneció en el olvido, y a los pocos, fue gradualmente redescubierto a mediados del siglo XX. A partir de 1980, la peregrinación viene creciendo considerablemente y los motivos varían de acuerdo con las razones personales. La ciudad de Santiago de Compostela se convirtió en Patrimonio Mundial de Unesco en 1985, y el Camino a Santiago de Compostela, fue declarado por el Consejo de Europa, como Primer Itinerario Cultural Europeo, en 1987, y Patrimonio de Unesco en 1993.

Muchas son las rutas que nos llevan hasta la mágica ciudad medieval de Santiago. Una flecha amarilla apunta la dirección a seguir desde Francia y Portugal. Todos los itinerarios que vienen de otros países al leste de España convergen en la ciudad de Puente de la Reina, en el Camino Francés, así llamado por haber sido la ruta de invasión de Napoleón Bonaparte. Es en el mi mayor experiencia, cruzando a España, pasando por las provincias de Aragón, Navarra, La Rioja, Castilla y León y Galicia. Se puede iniciar el camino por varias ciudades, dependiendo siempre del tiempo que se disponga para esa experiencia individual. La mayoría de las personas comienza en Saint Jean-Pied-de-Fort, última ciudad francesa en la frontera con España, o en Roncesvalles, última ciudad en la frontera de España con Francia, para aquellos que prefieren no enfrentar los Pirineos.

A pie, de bicicleta, a caballo o de moto, personas de todas las edades, clases sociales y nacionalidades, turistas, deportistas, místicos y religiosos o incluso agnósticos hacen, en este Camino, un ejercicio de desapego – la ruta milenaria recibe a todos sin restricción o prejuicio, pero el guion final, quien lo hará será tu propio SER! Y todos comparten la rica gastronomía, regada con los vinos de las distintas regiones recorridas. Parte de la culinaria brasileña, refleja esta influencia española, principalmente en ciudades como Rio de Janeiro. Prueba de ello son los numerosos restaurantes cariocas sirviendo la sabrosa comida hispánica en todos sus fuertes matices: paellas, pulpos y chorizos, además de los quesos y dulces, entre ellos la tarta de Santiago es inigualable. La España rural y medieval se va mezclando con la contemporaneidad, de donde afloran a cada paso matices de las raíces ibéricas que continúan a influenciar, hasta los días de hoy, nuestra cultura. Este puente entre las nacionalidades, va siendo costurada a los pocos por la magia del Camino, revelando semejanzas donde antes apenas se veían longitudes y distanciamientos. En la noche, en los refugios, todo eso rebosa en un lenguaje universal que acerca a todos los peregrinos – ¡el lenguaje del corazón!eso rebosa en un lenguaje universal que acerca a todos los peregrinos – ¡el lenguaje del corazón!

¡¡¡OFERTA!!!
TRIGUEROS Y SETAS
2 BOTES X 2,50 €
BAMA
Vizhoja
CREMA DE LICOR

TORTA DE SANTIAGO

Ingredientes:

- 300 gramas de amêndoas moídas
- 100 gramas de manteiga c/sal
- 10 ovos
- 2 xícaras de açúcar
- 1 colher rasa (sopa) de raspa de limão siciliano
- 1 colher (chá) de canela em pó

- 300 gramos de almendras molidas
- 100 gramos de mantequilla salada
- 10 huevos
- 2 tazas de azúcar
- 1 cucharadita (sopa) de ralladura de un limón
- 1 cucharadita de canela

Modo de fazer:

Bata as claras em neve e reserve. Junte as gemas, o açúcar e a manteiga, batendo até a mistura ficar homogênea; acrescente as amêndoas moídas, a canela em pó, a raspa de limão e, por fim, misture levemente as claras. Asse em forno bem quente até ficar bem dourada. Quando estiver totalmente fria, ponha o molde da Cruz de Santiago e polvilhe com açúcar de confeiteiro.

Bata las claras en punto de nieve y reserve. Añadir las yemas, el azúcar, la mantequilla, batiendo hasta que la mescla quede homogénea; añade las almendras molidas, la canela, la ralladura de limón y por ultimo mezcla suavemente las claras. Hornea en horno bien caliente hasta que esté dorada. Cuando totalmente fría, pon la plantilla de la cruz de Santiago y espolvorea con azúcar glas.

**QUEM BEBE VINHO
VIVE MENOS...
TRISTE, DEPRIMIDO,
TENSO, ABORRECIDO
COM A VIDA!**

frase em um bar do Caminho

**QUIEN BEBE VINO
VIVE MENOS...
¡TRISTE, DEPRIMIDO,
TENSO, ABURRIDO
CON LA VIDA!**

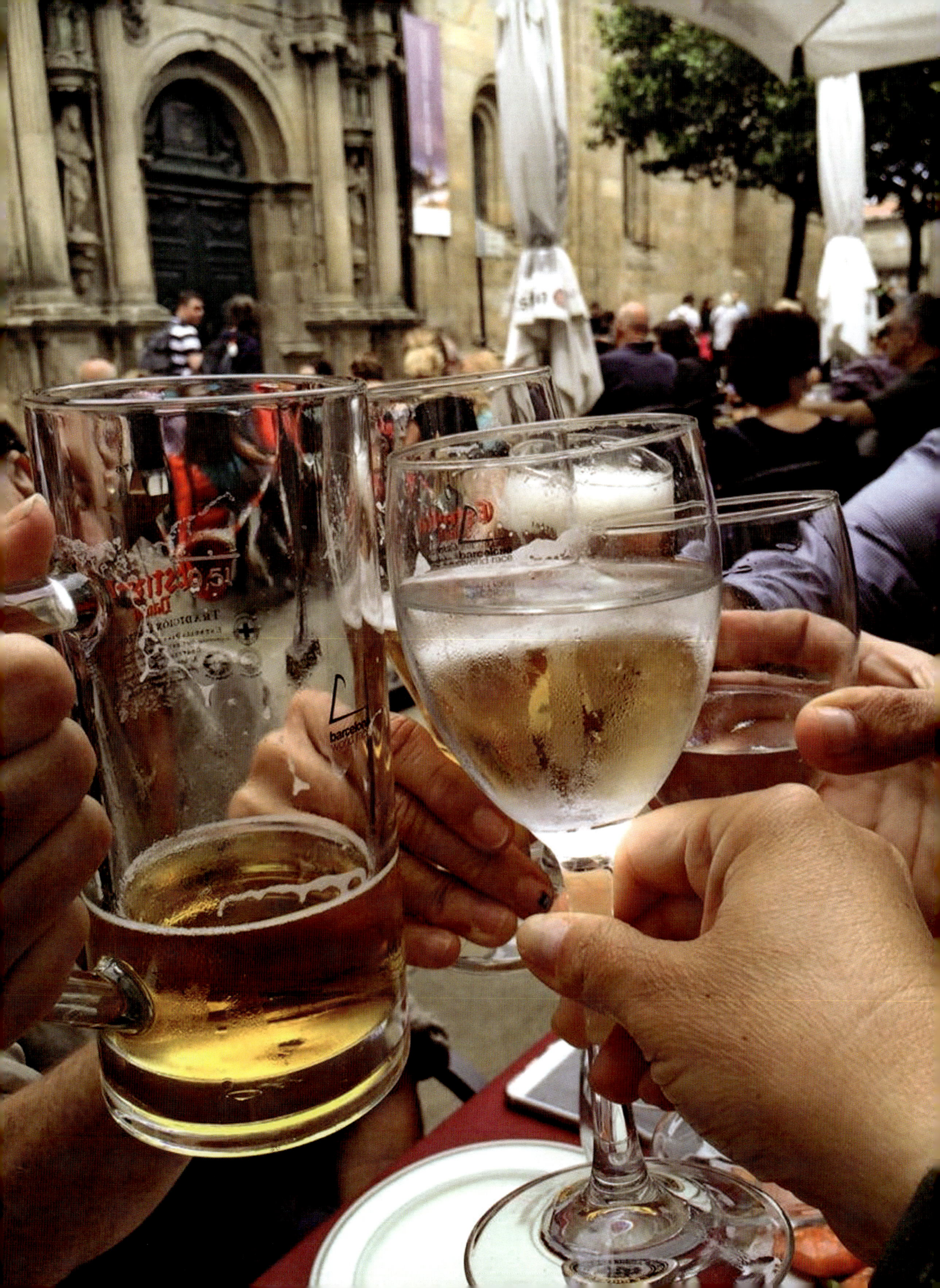
TRADICIÓN

Uma coisa é certa: a paisagem e magia levam a um grande encontro com o seu EU. Ao longo do Caminho, as inquietações, desafios, conquistas e quereres e não quereres vão encontrando respostas que aparecem de forma natural. Insights surgem como dicas disponíveis para quem está aberto a perceber, receber e interpretar. É um tempo só seu, que na selva da cidade se torna impossível vivenciar.

O caminhar contínuo, compassado, leva à movimentação de fortes energias e possibilita a verdadeira viagem interior. Você percebe lugares nunca visitados de si mesmo, difíceis de atingir pelas memórias que cada um deles guarda. O tempo é todo seu – um grande exercício de Ser. Somos testados a todo instante, a cada passo, a cada respiração. A experiência de percorrer o Caminho a Santiago de Compostela, mesmo que apenas através de fotografias, encanta por ser uma rota de histórias e descobertas milenares da humanidade.

É um Caminho construído pela história viva, escrita por todos os peregrinos que por lá passam.
O primeiro paradoxo: embora o passado esteja presente a cada instante, somos desafiados a estar no aqui e agora de forma permanente...

Una cosa es cierta: El paisaje y la magia te llevan a un gran encuentro con tu propio YO. A lo largo del Camino, las inquietudes, desafíos, conquistas y, lo que quieres y no quieres van encontrando respuestas que van apareciendo de forma natural. Insights aparecen a todo momento como pistas disponibles para quien está dispuesto a entender, recibir e interpretar. Es un tiempo muy tuyo, que en la selva de la ciudad se hace muy difícil vivenciar.

El caminar continuo, compasado, lleva a mover fuertes energías, y te permite hacer el verdadero viaje interior. Te das cuenta de lugares de tu interior que desconocías, difíciles de alcanzar por las memorias que cada uno de ellos guarda. Tienes todo el tiempo – un gran ejercicio de Ser. Somos probados a todo momento, a cada paso, a cada respiración. La experiencia de recorrer el Camino a Santiago de Compostela, aunque solo por medio de fotografías, encanta por ser una ruta de historias y descubiertas milenarias de la humanidad.

Es un camino construido por la historia viva. Escrita por todos los peregrinos que por allá pasan. El primer paradojo: aunque el pasado este presente a cada momento, somos desafiados a estar en el aquí y ahora de manera permanente...

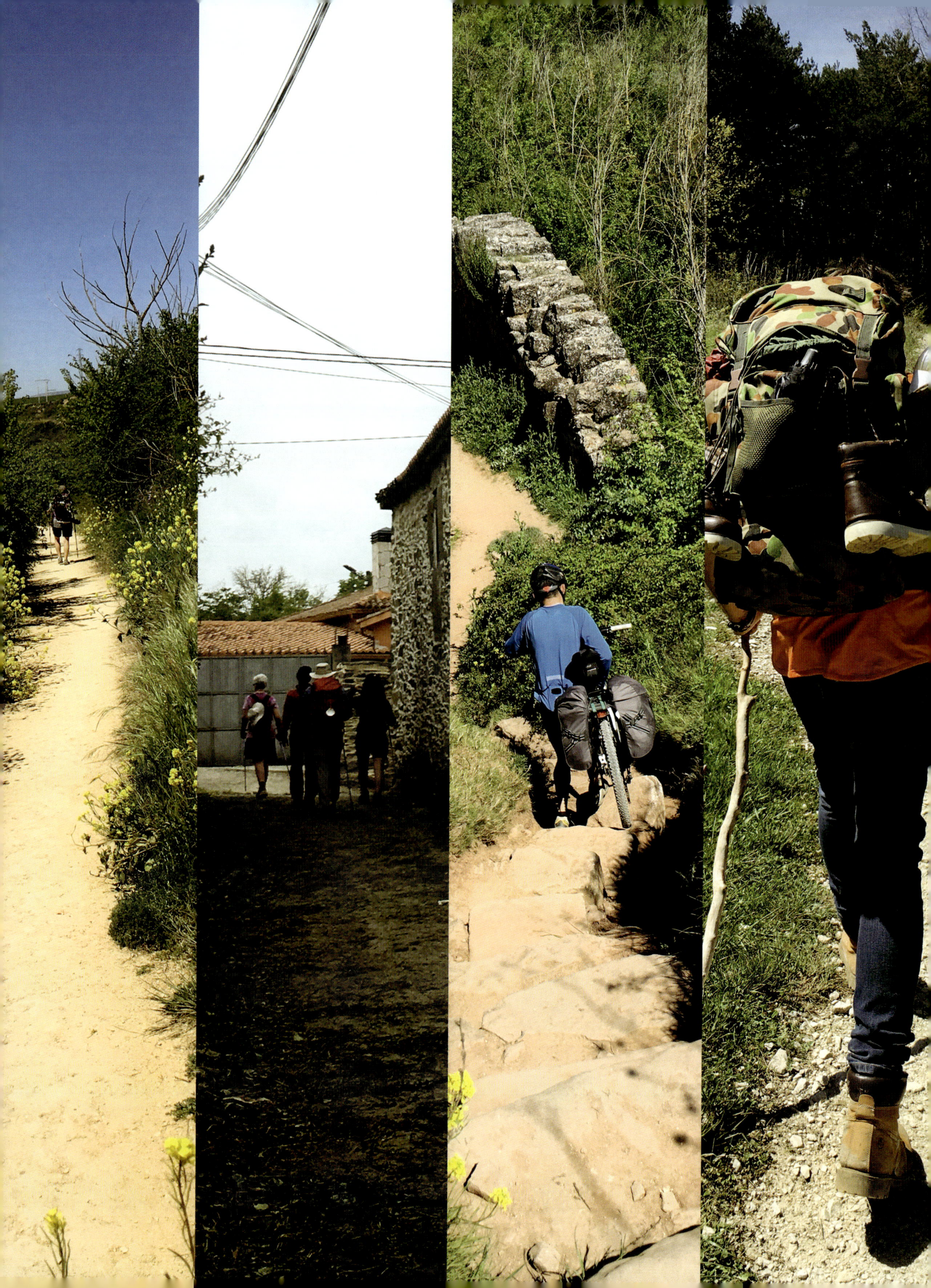

UM DIA
O SONHO
ACORDA...
É O MOMENTO
DE PARTIR.

*UM DIA
EL SUEÑO
SE DESPIERTA...
ES EL MOMENTO
DE PARTIR*

Regina Sávio

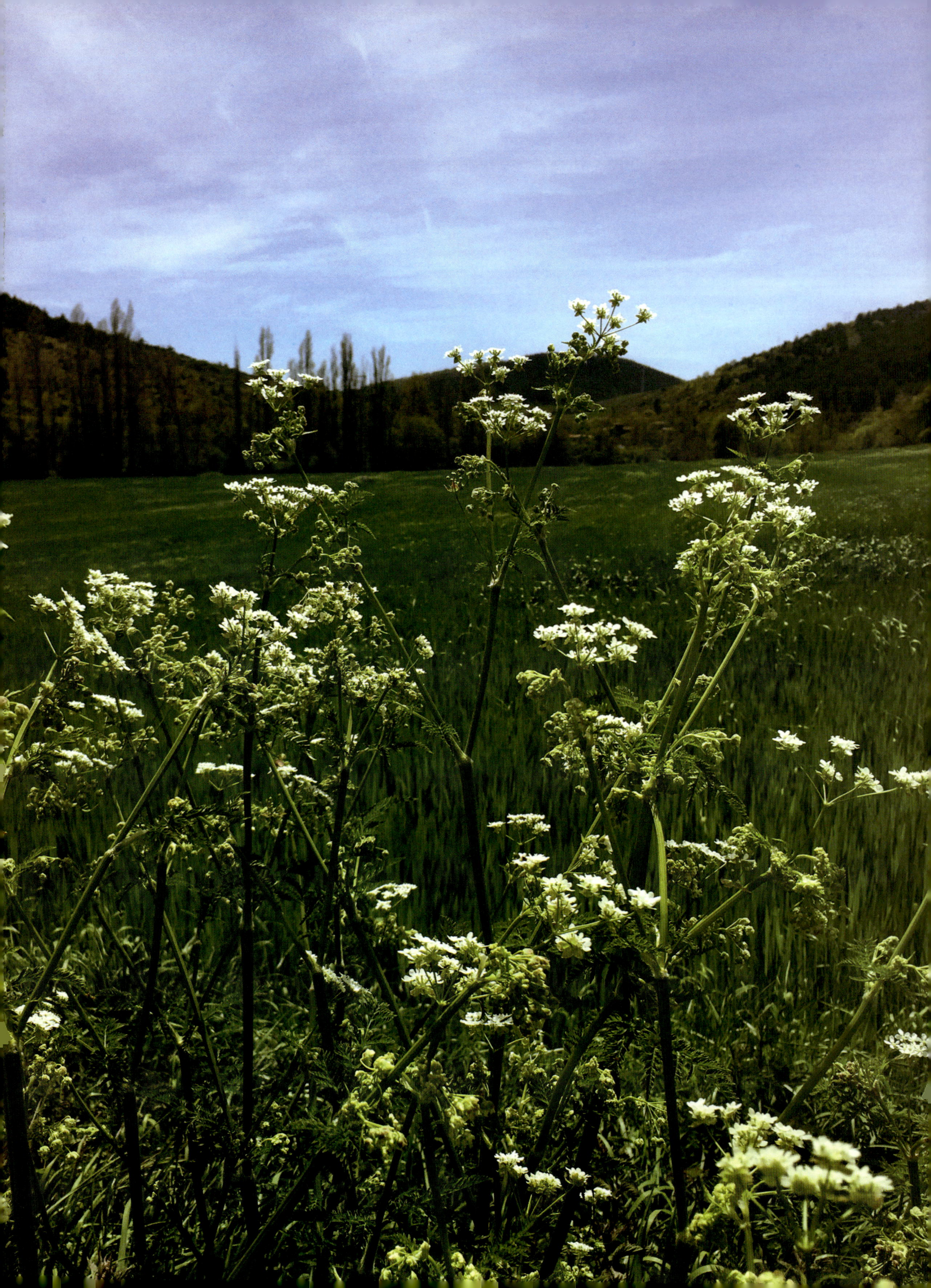

PLANTACAO DE CANOLA- USADA PARA PRODUZIR DIESEL
Plantación de colza – se utiliza para produzir diesel

CIDADE DE PAMPLONA *CIUDAD DE PAMPLONA*

**DESCIDA DO MORRO DO PERDÃO –
A MAIS DIFÍCIL E PERIGOSA DO CAMINHO.**
*BAJADA DEL CERRO DEL PERDÓN – LA MÁS
DIFÍCIL Y PELIGROSA DEL CAMINO*

APRENDIZADOS

Na descida de Roncesvalles a Zubiri, caminhamos bastante tempo por dentro da floresta, a quase 1.000 metros de altitude. Puro encantamento, deixando para trás o magnífico Monastério do século XI, que foi também um dos primeiros "hospitais" erguidos para acolher os peregrinos. O antigo seminário foi transformado em hotel quatro estrelas e uma capela medieval hoje é albergue onde gentilmente despertam os peregrinos com musica clássica.

Todas as noites há missa cantada na pequena igreja dedicada a Santiago. Peregrinos ficam bem pertinho do altar e recebem a bênção em vários idiomas, ritual este que se repete já há muitos séculos. O silêncio leva à reflexão da intensa experiência interior que será vivida ao longo de todo o Caminho, misturada à ansiedade do início de uma viagem tão peculiar.

**NÃO POSSO DESFAZER A HISTÓRIA
E TAMPOUCO APAGAR OS ERROS.
A ÚNICA COISA POSSÍVEL É CONTINUAR
APONTANDO O LÁPIS PARA ESCREVER
O RESTANTE QUE AINDA FALTA.**

Ita Portugal

**NÃO POSSO DESFAZER A HISTÓRIA
E TAMPOUCO APAGAR OS ERROS.
A ÚNICA COISA POSSÍVEL É CONTINUAR
APONTANDO O LÁPIS PARA ESCREVER
O RESTANTE QUE AINDA FALTA.**

APRENDIZAJES

En el descenso de Roncesvalles a Zubiri, caminamos bastante tiempo por dentro de las florestas, a casi 1.000 metros de altitud. Puro encanto, dejando para atrás el magnífico Monasterio del siglo XI, que también fue uno de los primeros "hospitales" construidos para acoger a los peregrinos. El antiguo seminario fue transformado en hotel cuatro estrellas, y una capilla medieval hoy en día es un hostal donde amablemente despiertan a los peregrinos con música clásica.

Todas las noches hay misa cantada en la pequeña iglesia dedicada a Santiago. Los peregrinos quedan bien cercanos del altar y reciben la bendición en varios idiomas. Este ritual se repite ya ha muchos siglos. El silencio lleva a la reflexión de tan intensa experiencia interior que será vivida a lo largo de todo el camino, mesclada a la ansiedad del comienzo de un viaje tan peculiar.

Atravessando a cidade de Cirauqui, no alto da colina – povoado medieval de vielas estreitas com muitas histórias pra contar –, era grande a expectativa de encontrar a calçada romana da rota a Santiago. Muito malconservada, ali estava ela; me fez sentir a passagem das bigas romanas, com seus magníficos cavalos! A atmosfera daquele lugar e a impressão que senti foram tão fortes, que me deixei sentar sobre a pequena e velha ponte, me permitindo voltar no tempo e imaginar como teria sido a vida naquela região: cheia de disputas, perdas e conquistas.

Segui caminhando por essa trilha numa subida que esbarrava no acostamento de uma carreteira, como são lá chamadas as rodovias – fria, concreta e moderna.

Subindo encontrei grande cruzamento e muitas possibilidades de caminho. Tive então uma das grandes lições do Caminho!

À minha frente um cruzamento intenso de carros, a estrada de terra e várias possibilidades de direções a seguir. Parei. Olhar atento porque não via nenhuma seta amarela. Procurei novamente. Caramba! Está confuso aqui! Como seguir?! As setas indicam o caminho correto, e estão sempre lá! Nós é que, distraidamente, não as localizamos ou nossa pretensão de achar que, já estando no quarto dia de caminhada, dominamos integralmente o processo peregrino! As setas amarelas podem estar nas paredes, nos muros das casas, postes, placas, meios-fios, pedras, árvores, enfim, em qualquer lugar. Mas... sempre estão lá!

Com a certeza absoluta de que eu é que estava falhando, resolvi ficar parada com os pés unidos e passar meu olhar, como varredura atenta, do chão aos postes, bem devagarinho. Nada, não vi seta nenhuma! Sabia que tinha que estar ali e não seguiria sem encontrar minha amarelinha... Lentamente, girei o corpo sobre minhas botas, 180 graus, e refiz a mesma varredura para tudo que ficara às minhas costas. Observando com atenção plena. Quando meus olhos voltaram às minhas botas, surpresa: ...a seta estava pintada na lateral do meio-fio, exatamente abaixo dos meus próprios pés!!!

Segui aquela seta com profunda alegria pelo aprendizado e por obedecer à lei do Caminho, me ajudando assim a encontrar a orientação correta. A vida também sempre nos dá os sinais; cabe buscar, estar atento e respeitar a direção.

Cruzando la ciudad de Cirauqui, en lo alto de la colina – pueblo medieval de callejones estrechos con muchas historias que contar – era grande la expectativa de encontrar la acera romana de la ruta a Santiago. Muy mal conservada, allí estaba ella; haciéndome sentir el cruce de las bigas romanas, con sus magníficos caballos! La atmosfera de aquel lugar y la sensación que tuve fue tan fuerte, que me dejé sentarme debajo del pequeño y viejo puente, permitiéndome volver en el tiempo imaginando como habría sido la vida en aquella región: llena de disputas, derrotas y conquistas.

Seguí caminando por ese sendero en una subida que daba al lado de una carretera – fría, concreta y moderna.

Subiendo encontré un importante cruce y muchas posibilidades de camino. ¡Tuve entonces una de las grandes lecciones del camino!

En mí delante tenía un intenso cruce de autos, la carretera de tierra, y varias posibilidades de direcciones para seguir. Paré. Con la mirada atenta porque no veía ninguna flecha amarilla. Busque nuevamente y nada. ¡Caramba! Que ¡confusión! ¿Cómo continuar?

Las flechas indican el camino correcto y están siempre ahí. Nosotros por distraídos no las localizamos, o nuestra pretensión de creer que por estar en el cuarto día de caminata, dominamos totalmente el proceso de peregrino! Las flechas amarillas pueden estar en las paredes, en los muros de las casas, postes, placas, bordillos, en las piedras, en los árboles, en fin, en cualquier lugar. Pero... ¡siempre están ahí!

Con la certeza absoluta de que era yo la que estaba fallando, me decidí por quedar parada con los pies juntos, y dar una ojeada, como una barredura atenta con los ojos del suelo a los postes, bien despacito. ¡Nada! ¡No vi ninguna flecha! Sabía que tenía que estar ahí, y no seguiría sin mi amarillita...Lentamente, gire el cuerpo sobre mis botas, 180 grados, y rehíce la misma barredura para todo que se había quedado detrás de mí. Observando con toda atención, cuando mis ojos se volcaron para mis botas, sorpresa: ... la flecha estaba pintada en la lateral del bordillo, ¡exactamente abajo de mis propios pies!

Seguí aquella flecha con profunda alegría por el aprendizaje y por obedecer a la ley del Camino, ayudándome así a encontrar la orientación correcta. La vida siempre nos está dando señales. Corresponde buscar, estar atento y respetar la dirección.

ITERO DEL CASTILLO - PROVINCIA DE BURGOS, CASTILLA Y LEÓN

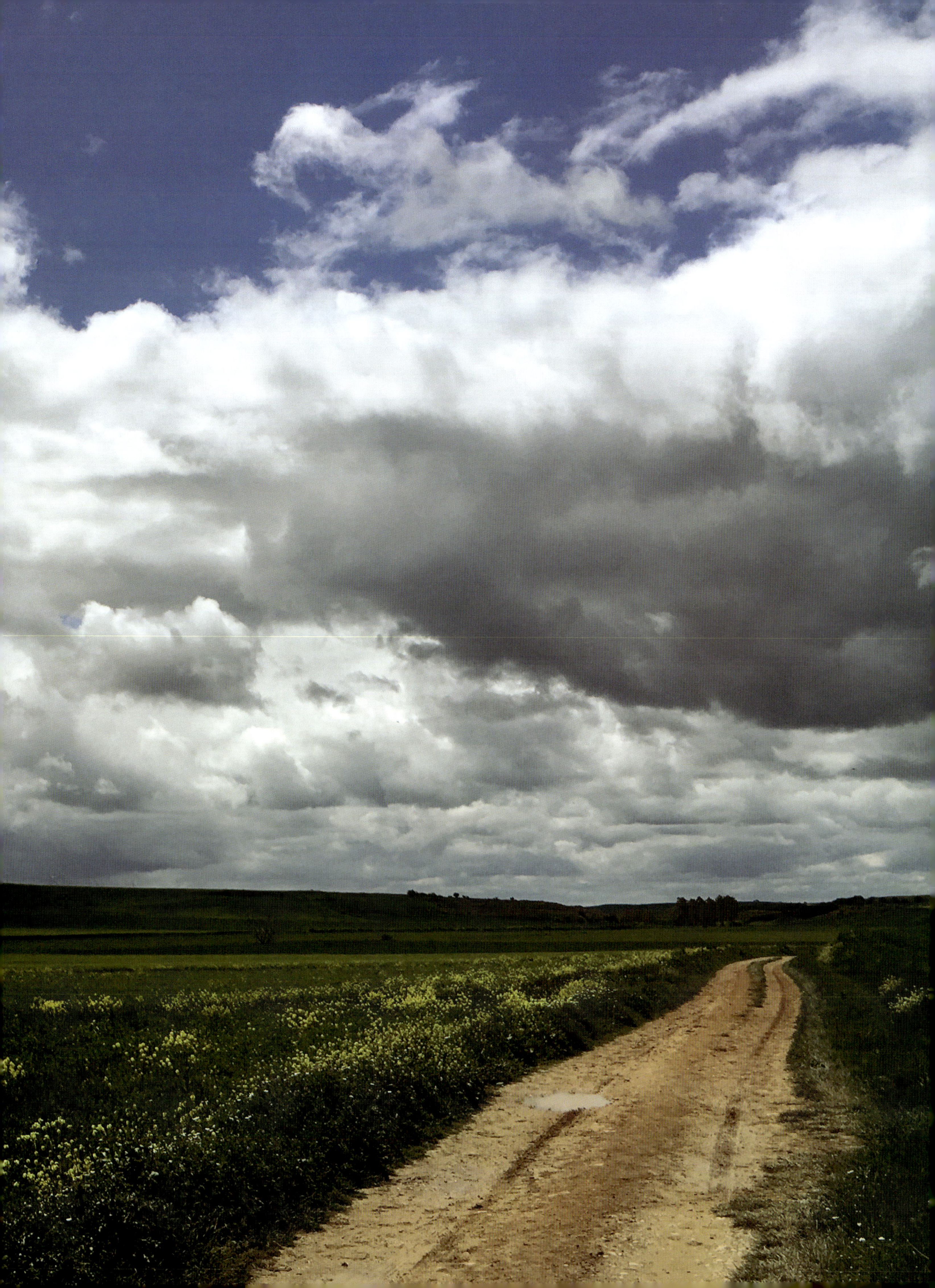

CASTELO TEMPLARIO – CIDADE DE PONFERRADA *CASTILLO TEMPLARIO – CIUDAD DE PONFERRADA*

MONASTÉRIO DE LAS HUELGAS REALES - CIDADE DE BURGOS *MONASTERIO DE LAS HUELGAS REALES - CIUDAD DE BURGOS*

TEN

MPO

O tempo realmente voa! Sensação permanente de que tudo está andando mais rápido do que deveria, ou do que eu gostaria. Tenho uma sensação quase física de que algo muito veloz sobrevoa minha cabeça, mantendo a respiração em suspenso e deixando meu destino em aberto.

Tempo indefinido de espera, decisões, atitudes, de observar a vida com a velha vontade de me reconhecer e saber afinal, onde estou e para onde vou. Exige a tomada de posições e obriga também aprendizados... Exige o novo! Como tudo aquilo que se deseja vem acompanhado de medo, tenho dúvidas se aprendi as lições.

Observo com atenção, ouço atentamente, aceito sugestões variadas e aceito também a inevitável confusão de ouvir tantas vozes ao mesmo tempo... dentro e fora de mim.

O Senhor do Tempo passa como uma flecha!

A flecha é um símbolo rico que me fala da passagem de uma situação intermediária, que não é um lugar nem o outro... Nem o que era e nem o que vai ser... Nem o início e nem o destino final. Um lugar difícil de estar... Repleto de perguntas. Parte de mim sabe: tenho que aprender a sentar neste lugar para viver o seu tempo e seus desafios, receber ensinamentos e cura.

Acredito que o universo sempre conspira a favor. Meu mestre Baba Muktananda sempre dizia que tudo é sempre para melhor. Tenho que aprender sobre tsunamis internas, entrega e aceitação, sobre essas flechas da vida que me levam incessantemente de um lugar para outro. A flecha é um caminho entre o velho e o novo, um caminho sagrado que devo percorrer sem apego ou aversão para não deixar de saborear, de aprender e vivenciar, sem pressa, o momento presente.

Aprendi que devo prestar atenção à fração de segundo que existe no movimento respiratório... entre a inspiração e a expiração. Este lugar é pequenino e grandioso, e tudo o que existe está ali. Justo no agora.

Viver esta impermanência é um grande desafio. Permanecer numa situação conhecida, num lugar seguro, mas a vida empurra e provoca, obrigando a despertar, transformar e continuar caminhando. Criar raízes seguras é muito confortável, relações estáveis, poucas surpresas, mas a flecha da vida obriga a um voo incerto sobre paisagens desconhecidas.

Percebo que a flecha da vida quer criar seu arco perfeito. Realizar sua essência e fazer com que eu respeite e viva a minha própria essência. Essa percepção traz uma noção muito sutil de responsabilidade, de que a vida e a verdade estão em mim e que sou eu quem escolhe meu caminho.

Eu sou a flecha!
O caminhar deixa perguntas de lado e aponta desafios.

¡El tiempo realmente vuela! Sensación continua que todo está andando más rápido de lo que debería o de lo que me gustaría. Tengo una sensación casi física de que algo muy veloz sobrevuela mi cabeza manteniendo la respiración en suspenso y al mismo tiempo dejando mi destino en abierto.

Tiempo indefinido de espera, decisiones, actitudes, de observar la vida con el viejo deseo de reconocerme y saber al final adonde estoy y para adónde voy. Exige la toma de decisiones y obliga también aprendizaje... ¡Requiere el nuevo! Como todo aquello que se desea viene acompañado de miedo, ahora tengo dudas si aprendí las lecciones.

Observo con atención, escucho atentamente, acepto sugerencias variadas y también acepto la inevitable confusión de escuchar tantas voces al mismo tiempo...dentro y fuera de mí.

¡El Señor del tiempo pasa como una flecha!

La flecha es un símbolo rico que me habla del pasaje de una situación intermediaria, que no es un lugar ni otro...tampoco el que era o el que va ser...(..) ni el que va a ser, ni el inicio, ni el destino final. Un lugar difícil de estar...repleto de preguntas. Parte de mí sabe: Tengo que aprender a sentar en este lugar para vivir su tiempo y sus desafíos, voy a recibir enseñanzas y curación.

Creo que el universo siempre conspira a favor. Mi maestro Baba Muktananda, decía que todo siempre es para mejor. Tengo que aprender sobre tsunamis internas, sobre la entrega y la aceptación, sobre esas flechas de la vida que me llevan incesantemente de un lugar para otro. La flecha es un camino entre el viejo y lo nuevo, un camino sagrado que debo recurrir sin apego o aversión para no dejar de saborear, de aprender, de vivenciar, sin prisa, el momento presente.

Aprendí que debo estar atenta a la fracción de segundo que existe en el movimiento respiratorio... entre la inspiración y la expiración. Este lugar es pequeñito y grandioso, y todo lo que existe está allí. Justo en el presente.

Vivir esta gran impermanencia es un gran desafío. Siempre escogemos permanecer en una situación conocida. Un lugar seguro, pero la vida empuja y provoca, obligando a despertar, transformar y continuar caminando. Crear raíces seguras es muy confortable, relaciones estables, pocas sorpresas, pero la flecha de la vida obliga a un vuelo incierto sobre paisajes desconocidos.

Noto que la flecha de la vida quiere crear su arco perfecto. Realizar su esencia y hacer con que yo respete y viva mi propia esencia. Esta percepción trae una noción muy sutil de responsabilidad, de que la vida y la verdad están en mí y que soy yo quien escoge mi camino.

¡Yo soy la flecha!
El caminar deja preguntas de lado y apunta desafíos.

**SETA AMARELA – SINALIZA O CAMINHO A SEGUIR.
SÃO AS SETAS AMARELAS QUE NOS LEVAM
A SANTIAGO DE COMPOSTELA**

*FLECHA AMARILLA. SEÑALA EL CAMINO A SEGUIR.
SON LAS FLECHAS AMARILLAS QUE NOS LLEVAN A
SANTIAGO DE COMPOSTELA.*

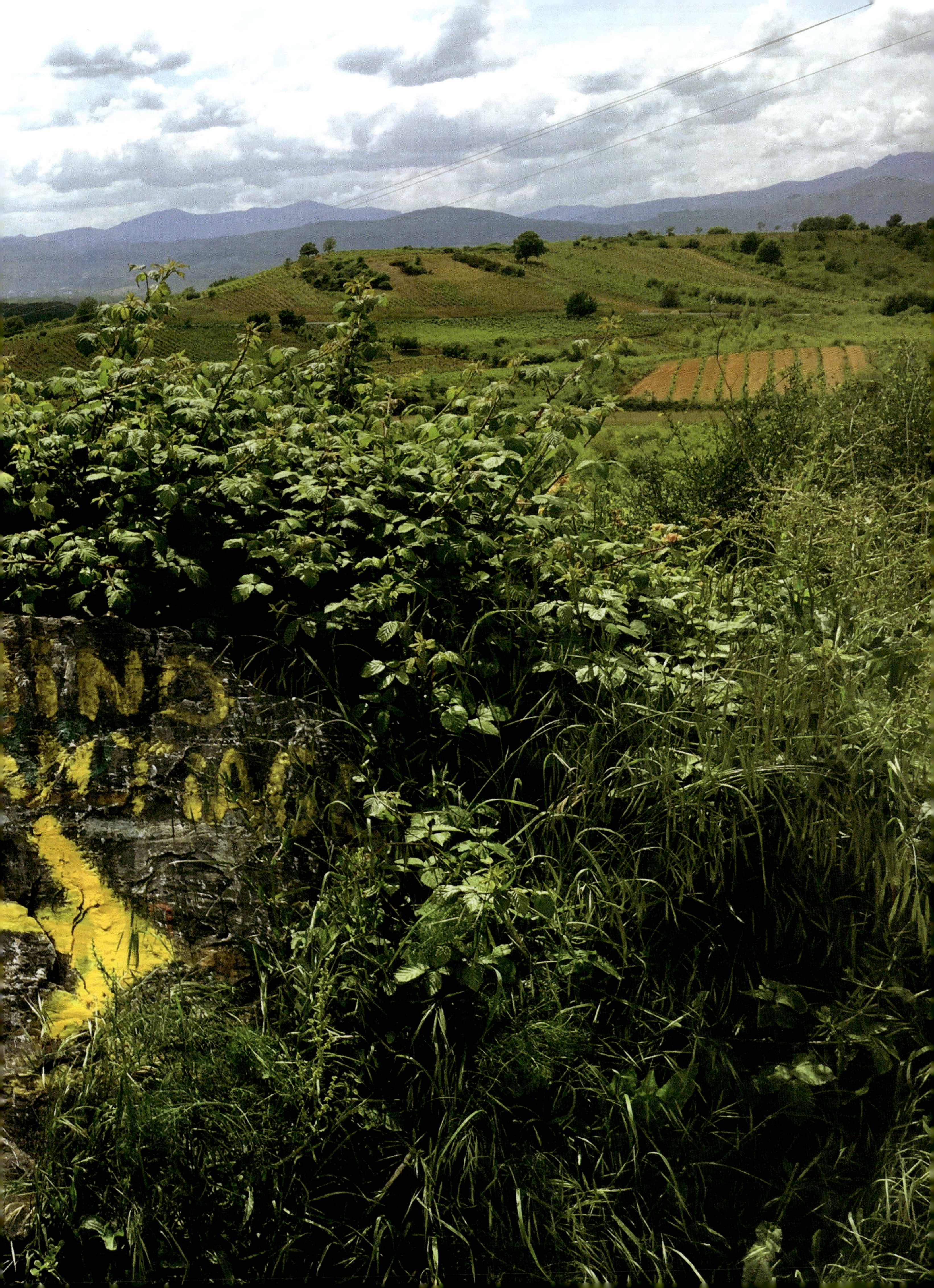

ECLUSA DO CANAL DE CASTILLA *ESCLUSA DEL CANAL DE CASTILLA*

CANAIS DE CASTILLA - UMA DAS MAIS IMPORTANTES OBRAS DE ENFENHARIA DA ESPANHA – ANO DE 1753 – PARA CRIAR REDE DE COMUNICAÇÃO FLUVIAL ENTRE PROVÍNCIAS – MULAS CAMINHANDO NAS MARGENS, ARRASTAVAM BALSAS COM MERCADORIAS. TEM MAIS DE 200 KM DE EXTENSÃO.

CANAL DE CASTILLA – UNA DE LAS MÁS IMPORTANTES OBRAS DE INGENIERIA DE ESPAÑA. DEL AÑO 1753 – PARA CREAR RED DE COMUNICACIÓN FLUVIAL ENTRE PROVINCIAS. MULAS CAMINANDO EN SUS ORILLAS. ARRASTAVAN BARCAZAS CON MERCANCIAS. TIENE MAS DE 200 KM. DE LONGITUD..

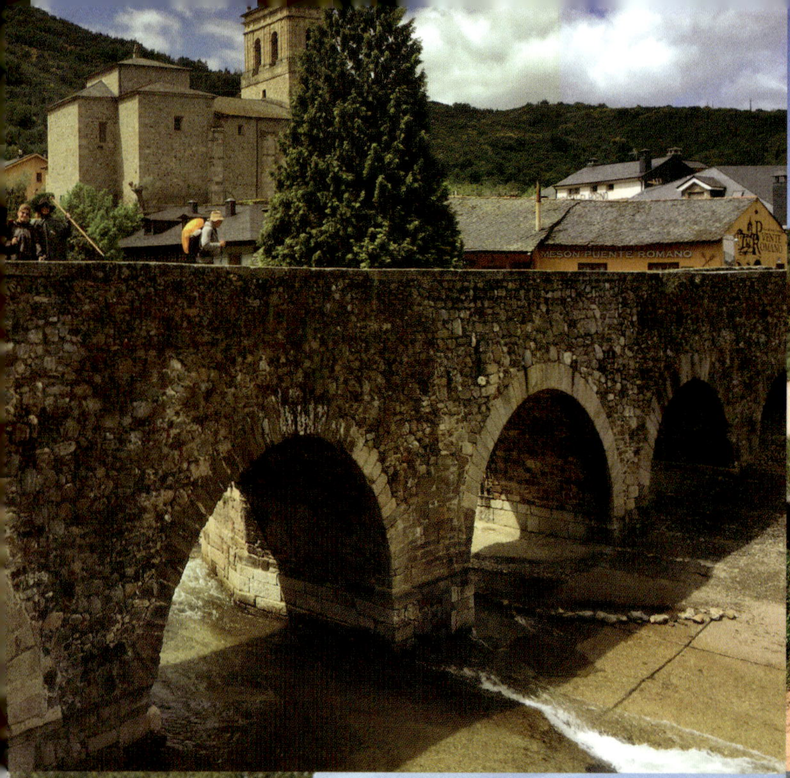
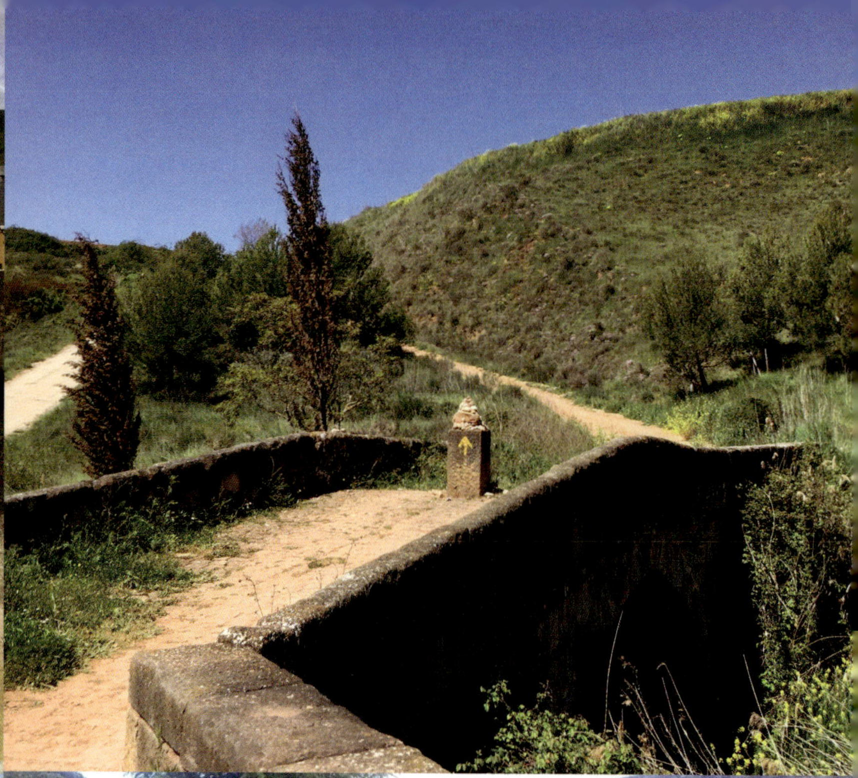
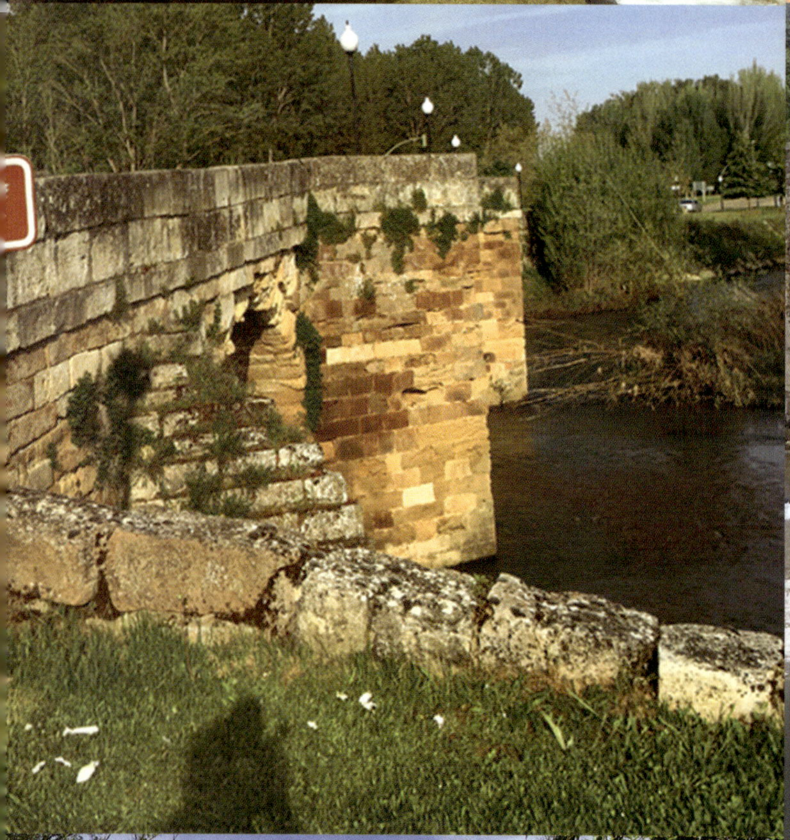
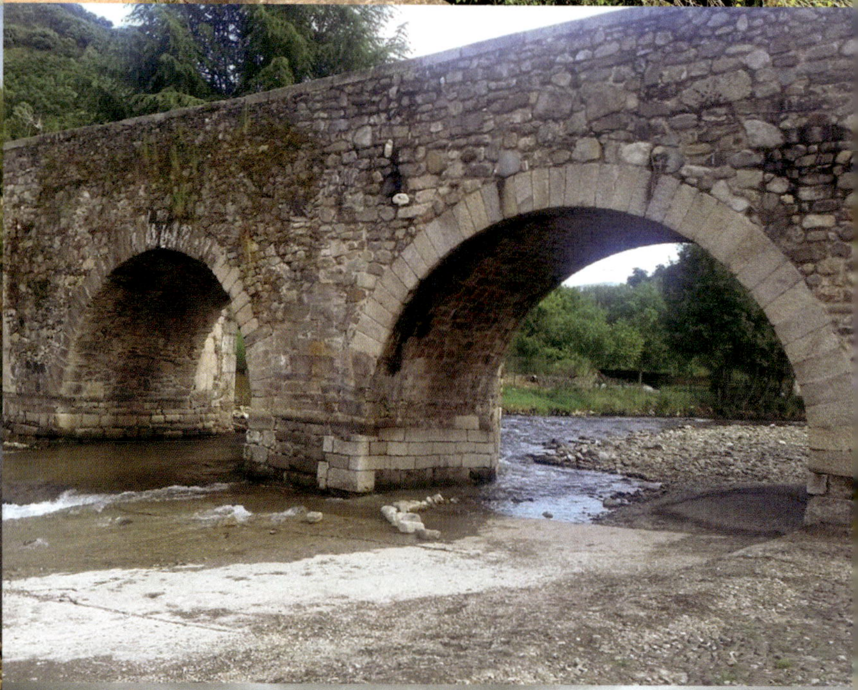
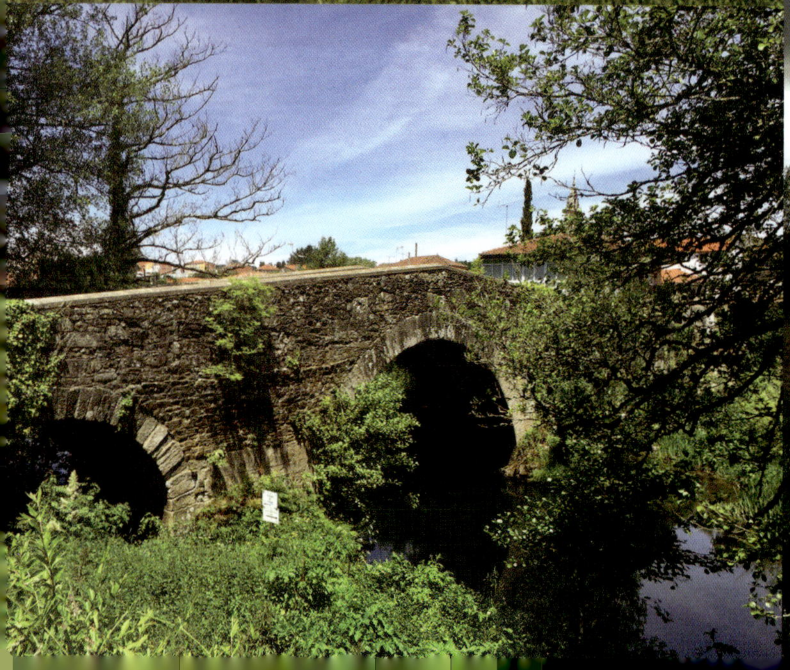
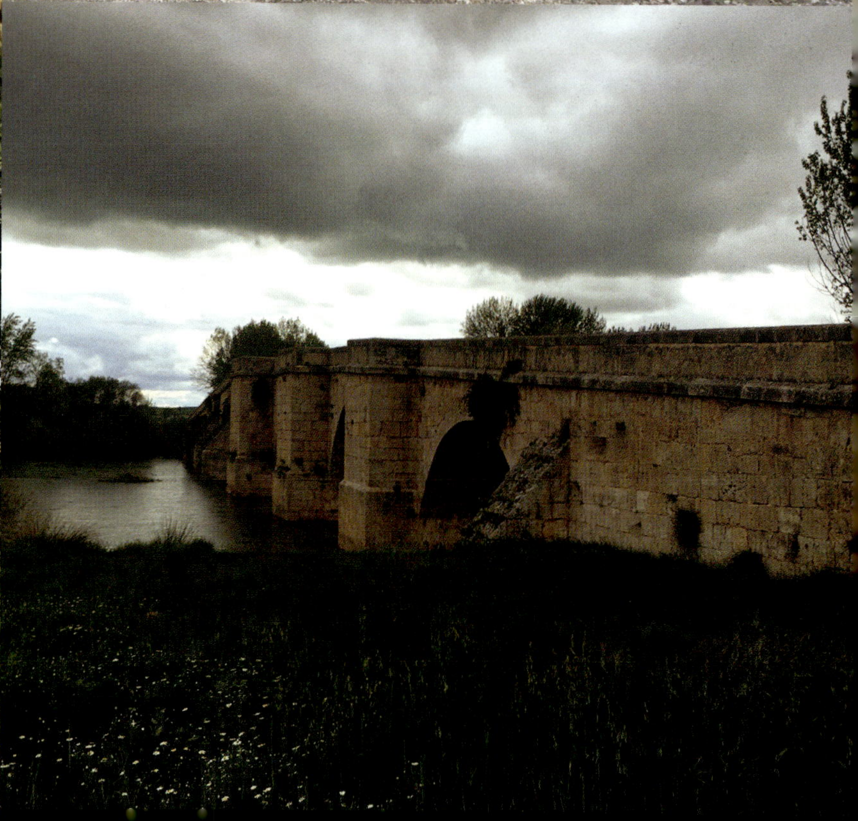

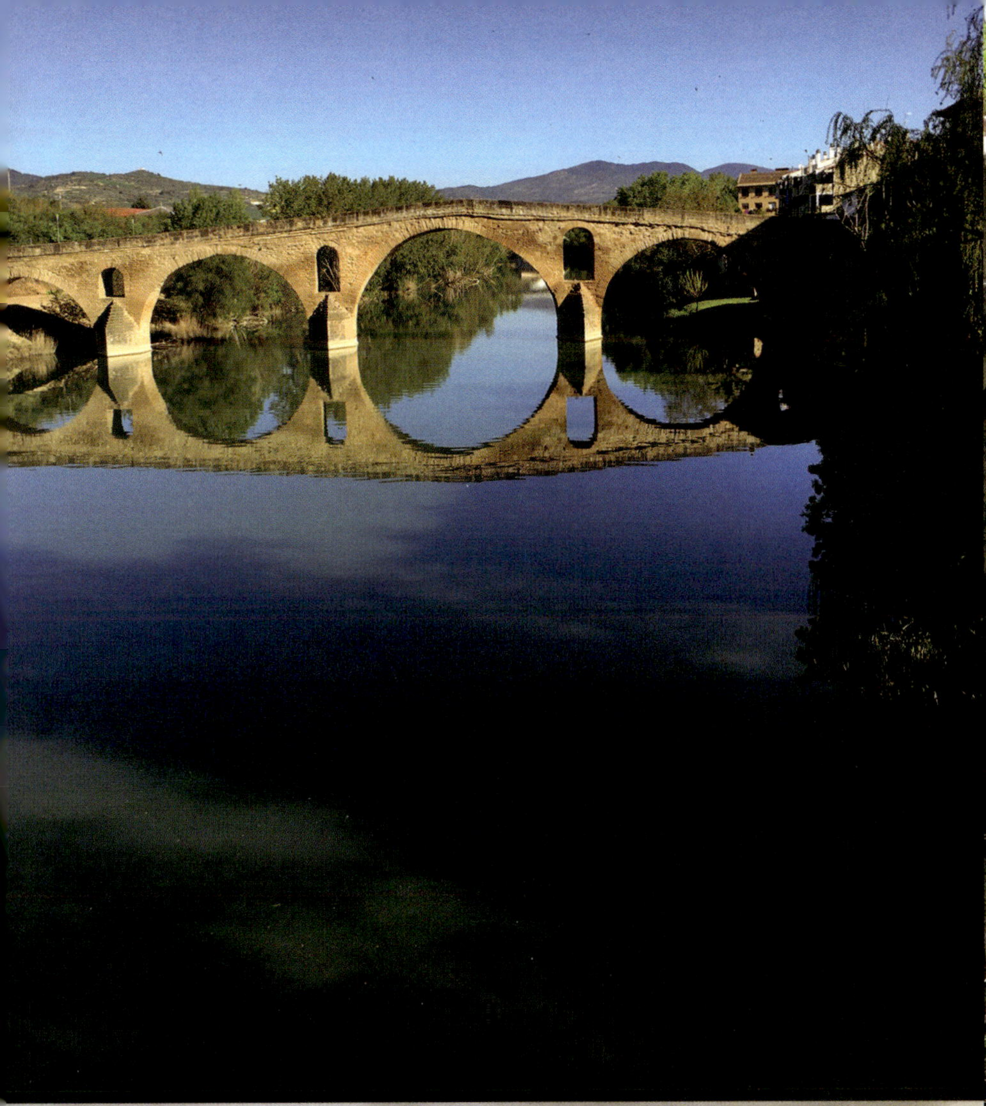
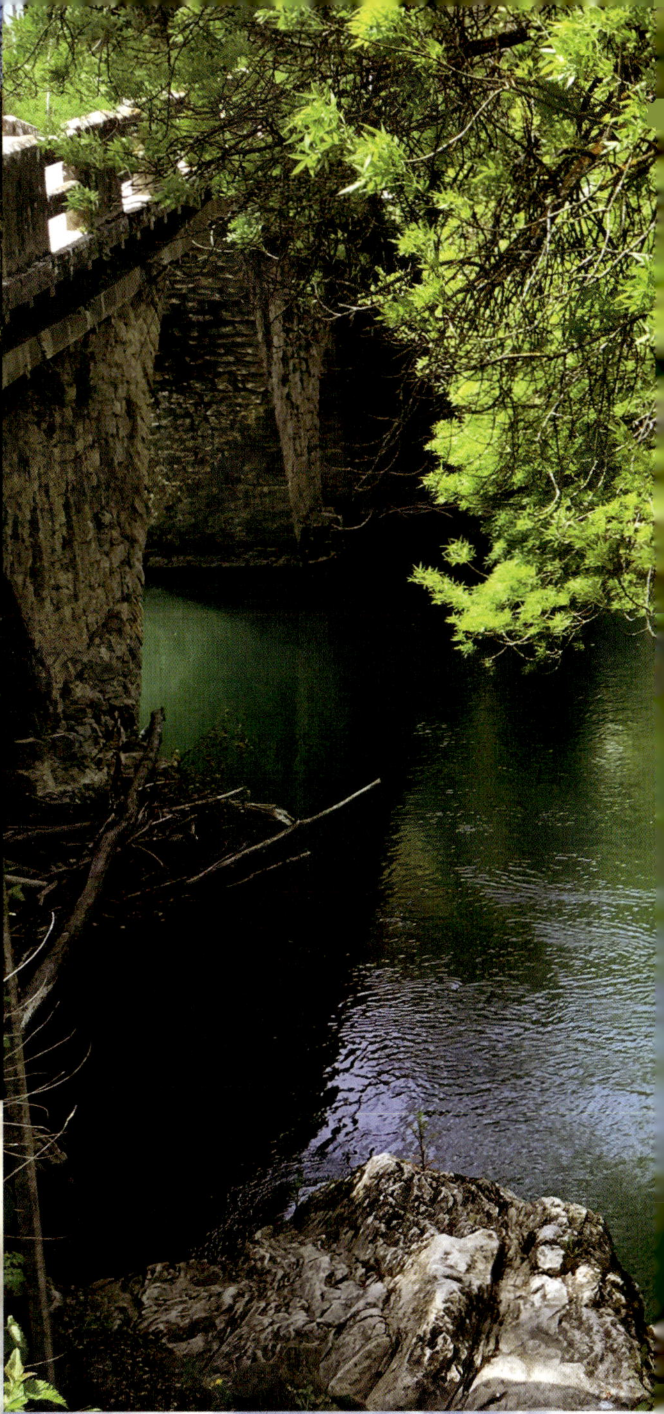
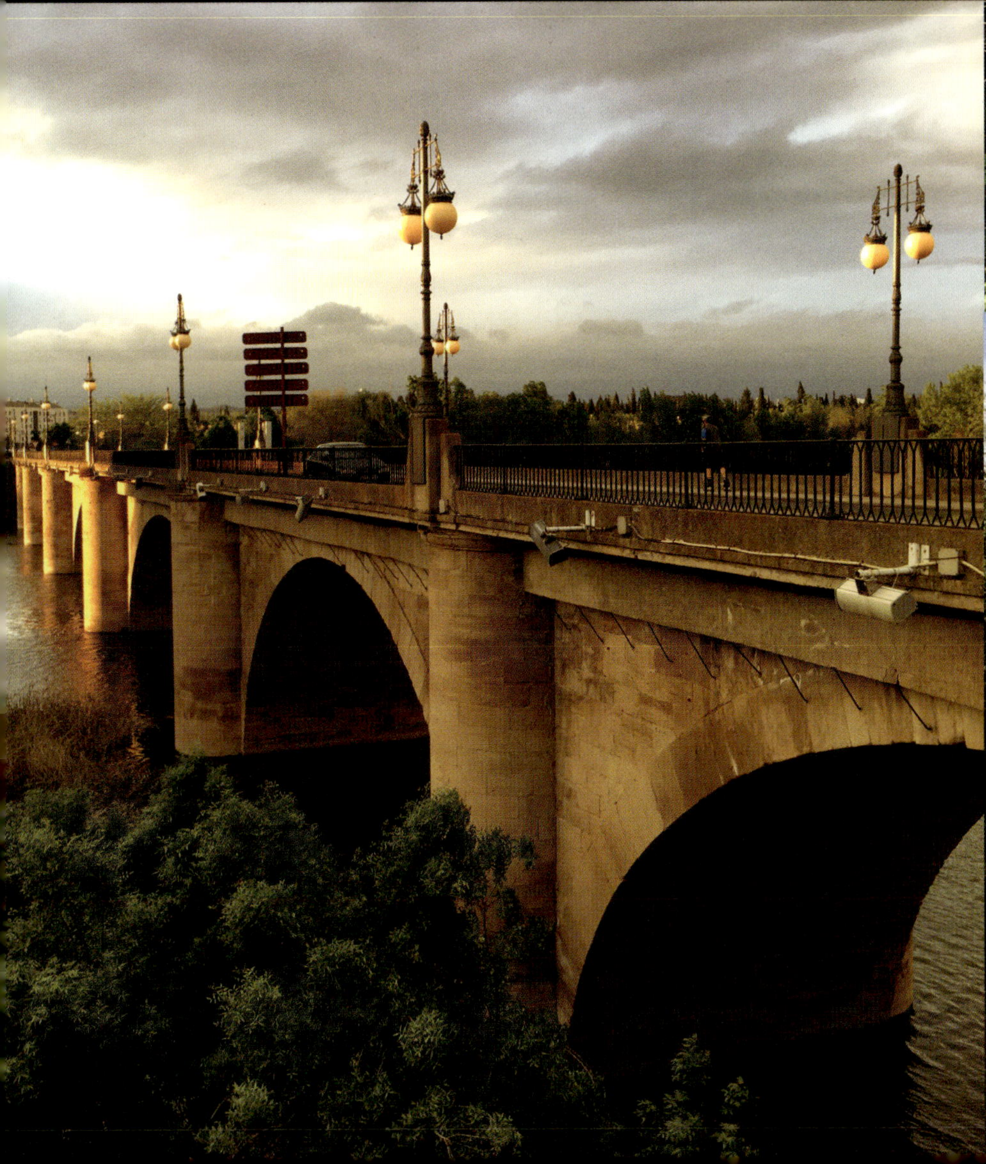
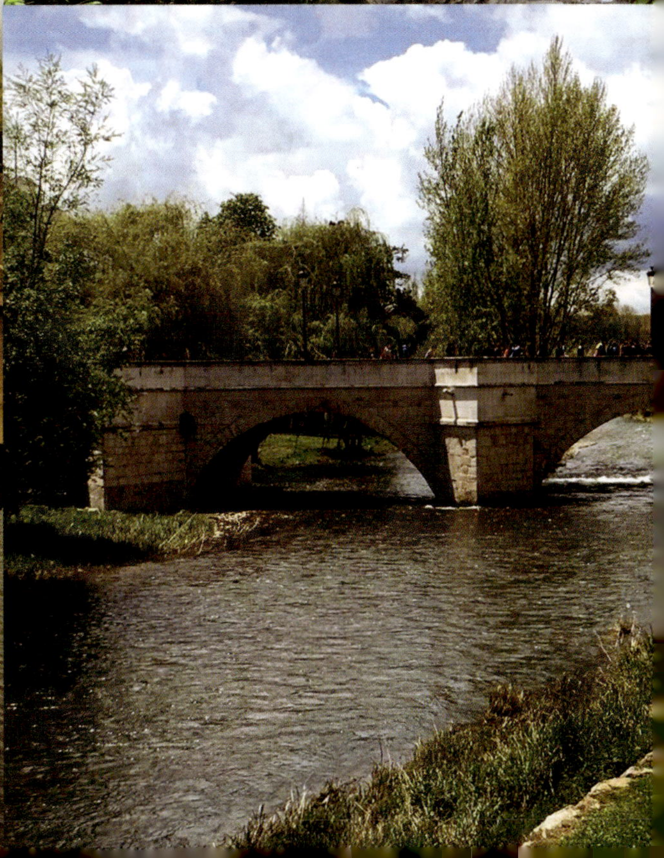

SEU CORPO É COMO UM RIO,
EM CONSTANTE MUDANÇA.
A MUDANÇA DE DIREÇÃO
É VOCÊ QUEM DECIDE.
DESDE QUE VOCÊ CONTINUE
CRESCENDO EM APRENDIZADO,
ESSAS MUDANÇAS O LEVARÃO
PARA ADIANTE.
SE HOUVER MOVIMENTO
PARA A FRENTE,
A ESTAGNAÇÃO SERÁ IMPOSSÍVEL.

Deepak Chopra

SU CUERPO ES COMO UN RIO,
EN CONSTANTE CAMBIO.
EL CAMBIO DE DIRECCIÓN
ES USTED QUIEN DECIDE.
DESDE QUE USTED SIGA CRESCIENDO
EN EL APRENDIZAJE, ESTOS CAMBIOS
LLEVAN HACIA ADELANTE.
SI HAY MOVIMIENTO HACIA ADELANTE,
EL ESTANCAMIENTO SERÁ IMPOSIBLE.

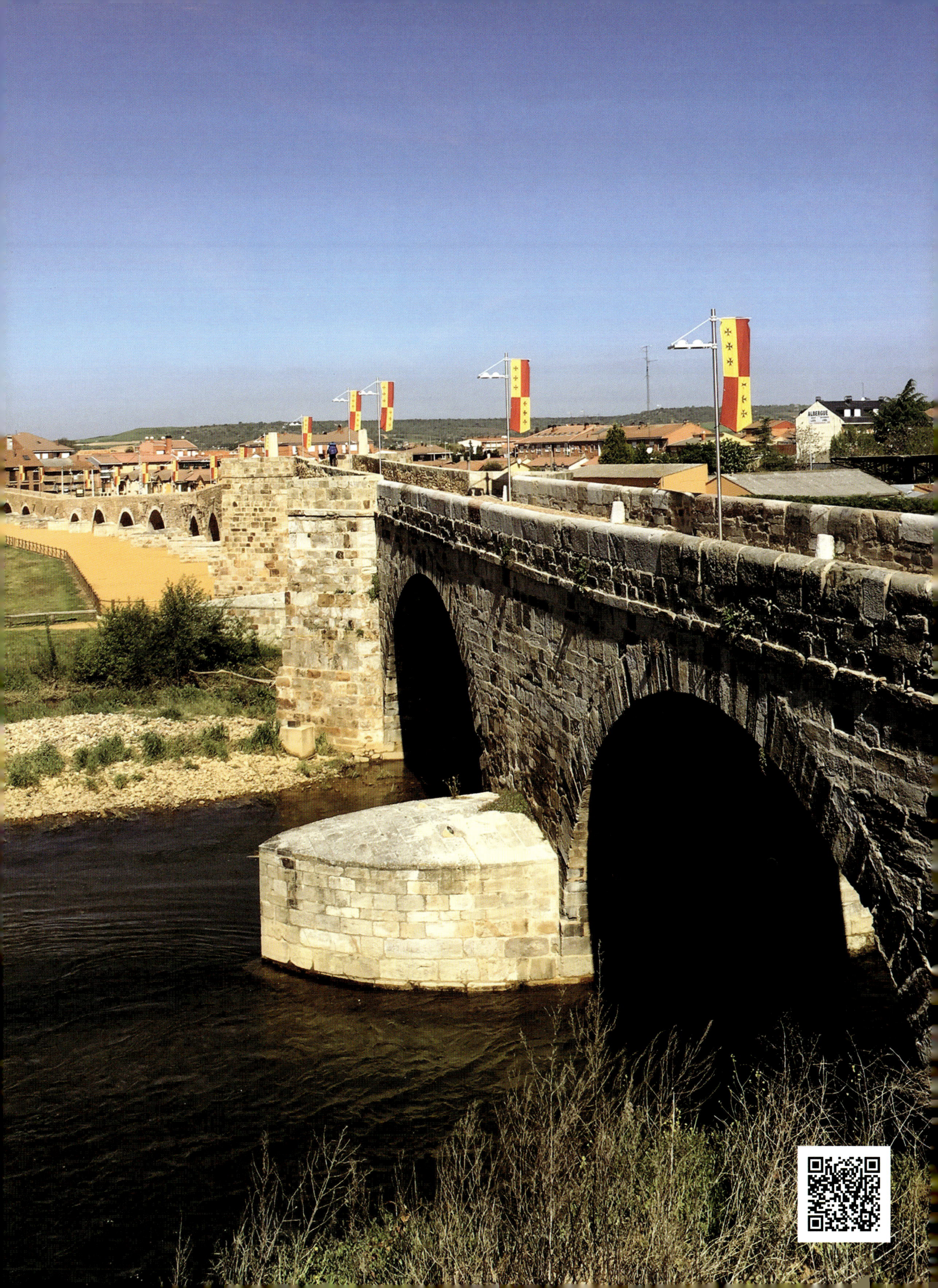
ALBERGUE

VINICOLA DA PROVINCIA DE LA RIOJA *VIÑA DE LA PROVINCIA DE LA RIOJA*

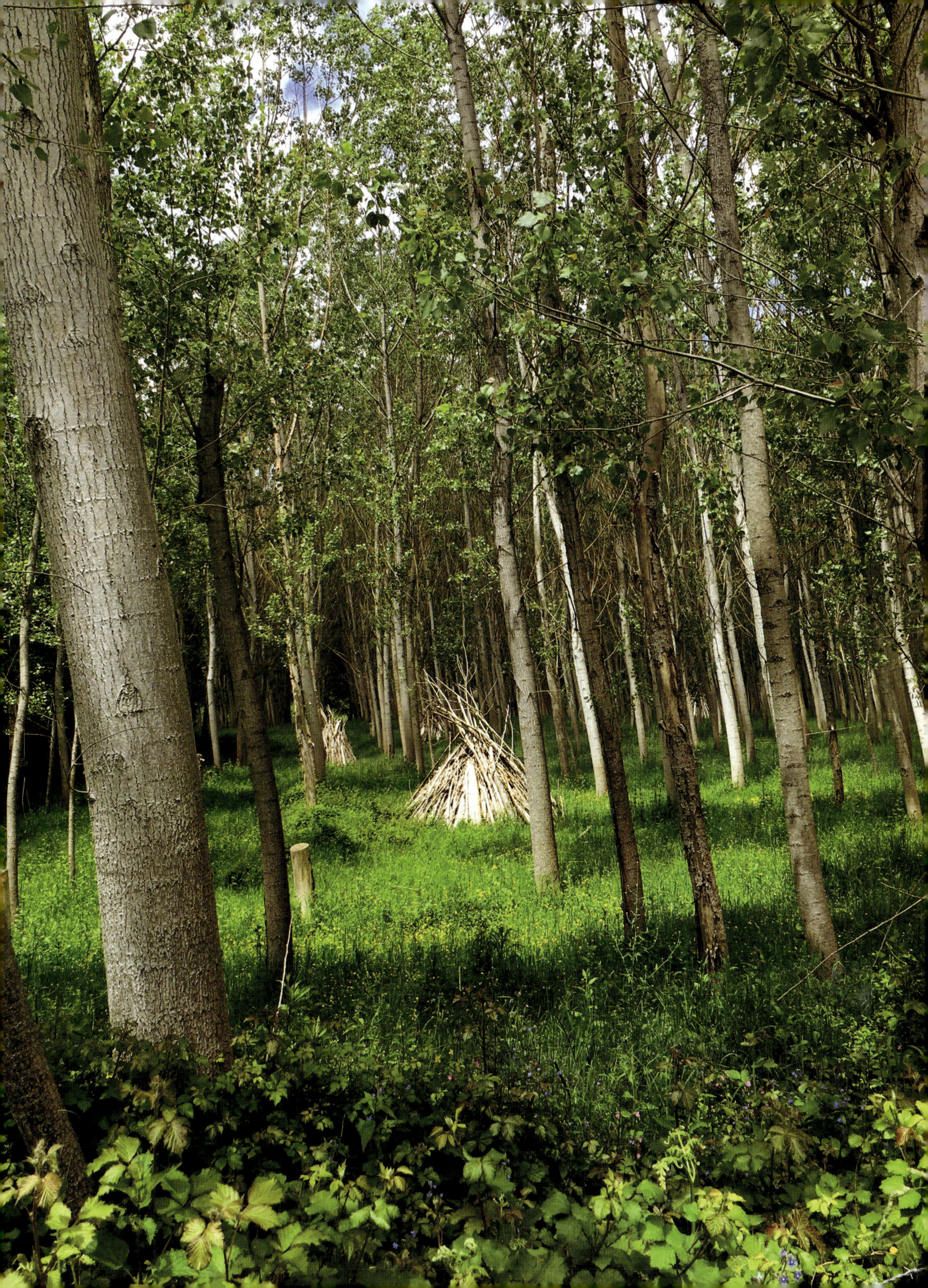

PABLITO

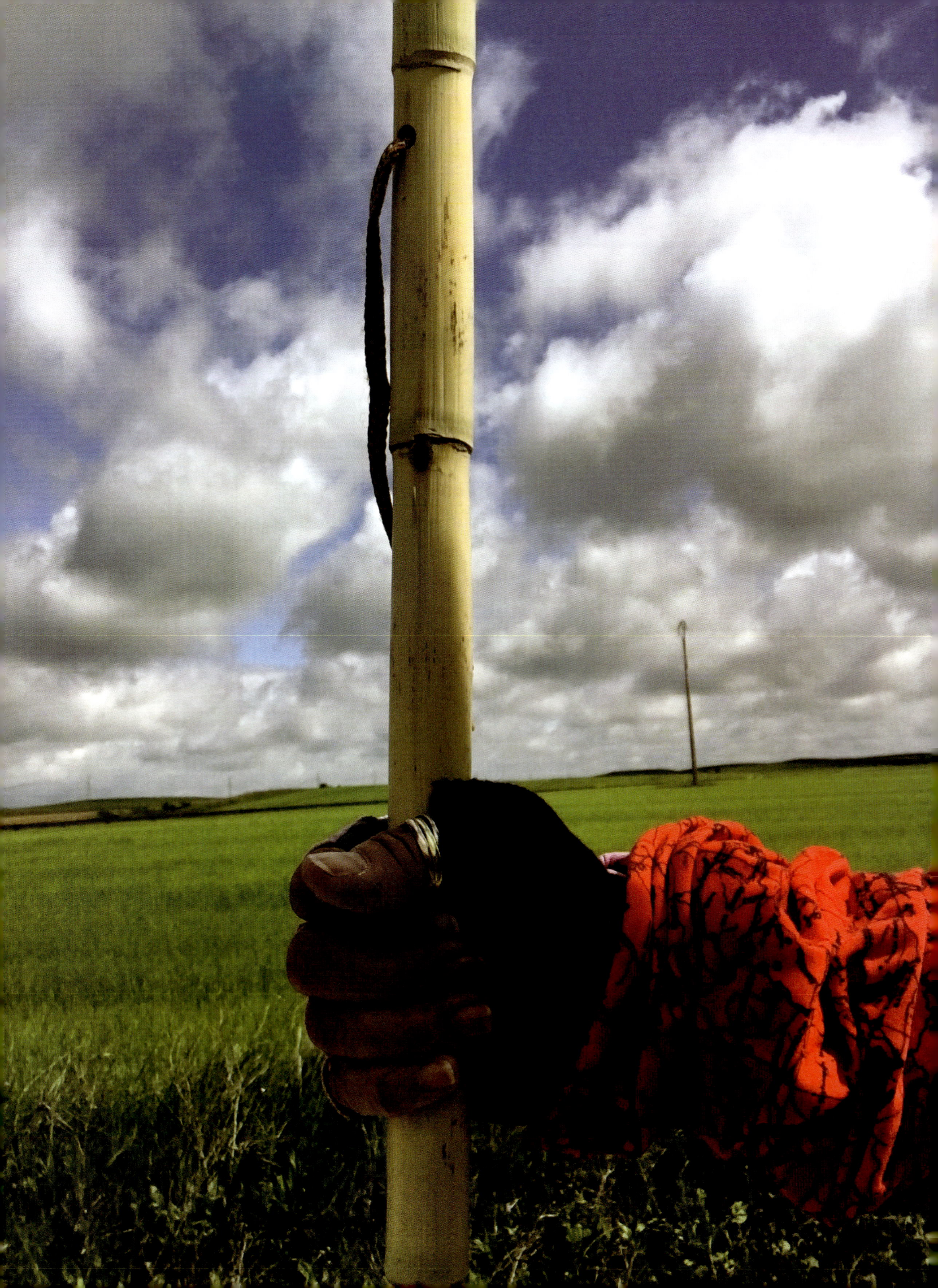

Naquele dia acordei de um sono reparador com muita vontade de caminhar e saí antes de todos do nosso grupo. Cheguei em Azcuelta, pequena cidade no alto de uma colina – como quase todas as cidades que se formaram ao longo do Caminho - situada em um ponto que favorecia a observação do horizonte e proteção do povoado. Caminhava já há quase duas horas, saindo de Estella em direção a Los Arcos. Meu caminhar costuma ser lento, ouvindo sons, pássaros, cães, conversando com pedras, admirando o verde do entorno, sempre sem pressa de chegar em nenhum lugar. Então, pequenas distâncias nada significam, pois posso decidir ficar, demorar, não seguir...

Minha paixão por estar no Caminho é tanta que, desde a primeira vez me habituei a não fazer planos, estratégias e metas. Observo o mapa do dia seguinte apenas para ter alguma ideia por onde passarei; quando começo a caminhada, tudo pode acontecer.

Foi assim curiosa que entrei em Azcuelta. Silêncio absoluto! A Espanha acorda tarde e, naquele lugar, o dia ainda não amanhecera.

Entrei e saí de pequenas ruelas sem encontrar ninguém, até que um senhor abriu a porta de sua casa.

Me dirigi a ele e perguntei a que hora abriria o bar para tomar um café. Me olhou aborrecido e respondeu ríspido:

- En cuela calle hay un hombre a que le gusta ayudar a los peregrinos. Llamase Pablo – Pablito!

Essas últimas palavras já ouvi de costas para aquele 'amável' senhor, acelerando na direção indicada. Portas e janelas fechadas... teria ainda que adivinhar qual seria a casa do meu anjo informante. Havia uma única porta aberta, deixando à mostra as tradicionais cortinas de tiras de plástico, típicas da Espanha, que tiram a visibilidade de fora para dentro, sem bloquear a passagem da brisa refrescante. Deve ser aqui! Bati palmas e mais palmas...

Pra minha alegria, a cortina de plástico foi afastada por um senhor gorducho e baixinho, com um largo sorriso surgindo da sua barba já grisalha.

- Buenos dias! - digo eu ao simpático senhor. - Procuro pelo senhor Pablito.

- Pablito soy yo! Muy bienvenida, peregrina!!!

- Buenos dias! Necesito desajunar... puedes decirme a que hora se abre la cafeteria?

- Ahora!!!!! venga!, pero la mochila se queda a fuera!

Imediatamente obedeci, compreendendo a razão dessa observação: mochilas às costas, dentro dos ambientes, geralmente provocam estragos, derrubam plantas e objetos. Minha mochila ficou descansando ao lado da cortina de plástico.

Enorme surpresa, Pablito se colocou sorridente ao lado de uma mesa cheia de sucos e pães.

- Venga! Los peregrinos necesitan comer.

Começou nossa longa conversa, Pablito querendo saber, em detalhes, de onde eu vinha naquele dia? de que país eu era? onde eu vivia no Brasil? – país que ele adorava porque era amigo de Paulo Coelho. - por que vim para o Caminho?, profissão, quantos filhos, tem irmãos...?!

O extenso questionário era entremeado com gestos fartos, passando pela alegria de colocar seu carimbo na minha credencial peregrina, cantando em voz alta Aquarela do Brasil, perfeito acolhimento a esta peregrina que madrugou na casa dele e já estava lá há quase duas horas conversando animadamente!

Já estávamos ensaiando despedidas quando ouvimos baterem palmas e chamarem meu nome na porta da casa. Encontrei Cícero e Marcílio, peregrinos brasileiros da Paraíba, João Pessoa, que estavam já há

PABLITO

Aquel día, me desperté de un sueño reparador, con muchas ganas de caminar. Salí antes de todos de nuestro grupo. Llegué en Azcuelta, pequeña ciudad en lo alto de una colina – como casi todas las ciudades que se formaron a lo largo del Camino – situada en un punto que facilitaba la observación del horizonte y protección del poblado. Caminaba a casi dos horas, saliendo de Estella en dirección a Los Arcos.

Mi caminar suele ser lento, escuchando sonidos, pájaros, perros, charlando con piedras, admirando el verde del entorno, siempre sin prisa por llegar a ningún lugar. Entonces pequeñas distancias nada significan, pues puedo decidirme a quedar, tardar, no seguir...

Mi pasión por estar en el camino es tanta, que desde la primera vez me acostumbre a no hacer planos, estrategias y metas. Observo el mapa del día siguiente apenas para tener alguna idea de por dónde pasaré; cuando comienzo la caminata, todo puede acontecer.

Así fue de curiosa que entre en Azcuelta. ¡Silencio absoluto! España despierta tarde, y en aquel lugar, el día todavía había amanecido.

Entre y salí de pequeñas callejuelas sin encontrar a nadie, hasta que un señor abrió la puerta de su casa. Me dirigí a él y le pregunté a qué horas abriría el bar para tomar un café. Me miró molesto y me respondió tajante:

- En cuela calle hay un hombre a que le gusta ayudar a los peregrinos. Llamase Pablo – Pablito!

Estas últimas palabras las escuché de espaldas para aquel "amable" señor, apresurando el paso en la dirección indicada. Puertas y ventanas cerradas...todavía tenía que adivinar cuál sería la casa de mi ángel informante. Había apenas una puerta abierta, dejando al descubierto las tradicionales cortinas de tiras de plástico, típicas de España, que sacan la visibilidad de afuera para dentro, sin bloquear el pasaje de la briza refrescante. ¡Debe ser aquí! Aplaudí y de nuevo aplaudí...

Para mi alegría, la cortina de plástico fue apartada por un señor bajito y gordito, con una amplia sonrisa apareciendo de su barba ya gris.

-¡Buen día! – digo al simpático señor. - Busco por el señor Pablito.

- ¡Pablito soy yo! ¡Muy bienvenida, peregrina!

¡"Buenos días! Necesito desayunar... ¿puedes decirme a qué hora se abre la cafetería?

- ¡"Ahora! ¡Venga! ¡Pero la mochila se queda a fuera!

Inmediatamente obedecí comprendiendo la razón de esta observación: mochila en la espalda, dentro de los ambientes, en general provocan trastornos. Derriban plantas y objetos. Deje mi mochila descansando al lado de la cortina de plástico.

Una gran sorpresa, Pablito se había puesto sonriente al lado de una mesa llena de jugos y panes.

-¡Venga! ¡Los peregrinos necesitan comer!

Comenzamos una larga conversa, Pablito queriendo saber, con pormenores, ¿de dónde yo venía aquel día? ¿De qué país era? ¿Adónde yo vivía en el Brasil? – país que le encantaba por ser amigo de Paulo

dias sendo meus fiéis escudeiros e excelentes amigos no Caminho. Avistaram minha mochila na porta da casa e ficaram preocupados comigo. Que bom! Sozinha no Caminho, mas nunca solitária!

Pablito sorriu feliz... mais gente para falar do Caminho e, rapidamente, estávamos todos à volta da mesa de guloseimas juntando-se a nós sua mulher. Novamente cantamos Aquarela do Brasil, desta vez a quatro vozes entusiasmadas!

Fomos todos para a porta da casa, mochilas às costas, e Pablito pergunta:

- Peregrina, donde esta su palo?

- No tengo. Tenia uno muy tuerto y lo he dejado atrás. No necessito. Estoy bien.

- No, no, no!!! De aqui a delante, empesará a bajar. Necessitas uno. Venga!

Mochilas novamente à porta, seguimos Pablito, que nos levou para os fundos da casa, chegando a um quintal arborizado onde, muito bem arrumados, estavam dezenas de cajados peregrinos.

PABLITO SANZ – com os cajados que preparava para os peregrinos. Este meu cajado é da arvore da castanha.

PABLITO SANZ – con los cayados que preparaba para los peregrinos. Este mi cayado es del arbol de la castanã.

Ouvimos mais uma história...

Pablito, que não podia mais fazer o Caminho a pé, criou o hábito de ir a uma floresta próxima de sua casa para pegar galhos de pau de avelaño – a árvore que produz avelãs – e os colocava em uma prensa; o equipamento prendia o galho molhado até que secasse, ficando bem retinho. Cuidadoso, preparava-os em diferentes tamanhos para oferecer aos peregrinos.

Escolheu um lindíssimo pra mim. Malhado, cor de vinho tinto com dourado, dois metros de altura. Achei muito grande e ele me corrigiu: tem que ficar acima da sua cabeça, de modo a colocar sua mão na altura do ombro. Diante do olhar espantado de nós três, Pablito começou uma aula de como caminhar corretamente com o cajado. Dizia: cajado para frente e para trás, enquanto você dá três passos. Vamos treinar!

E lá ficamos nós, desfilando em treinamento com o mestre dos cajados, aprendendo como honrar a generosidade e cuidado daquele adorável senhor, amigo dos peregrinos. Saímos de Azcuelta felizes, protegidos por nossos novos cajados e muito gratos pela feliz oportunidade de conhecer Pablito Sanz,

Ser grande é servir.

Coelho. – ¿Por qué vine al Camino?... ¡¿Profesión, cuántos hijos, si tengo hermanos...?!

El extenso cuestionario era intercalado con muchos gestos, pasando por la alegría de poner su sello en mi credencial peregrina, cantando en voz alta Aquarela do Brasil, perfecta acogida a esta peregrina que madrugó en su casa, y se encontraba ahí a casi dos horas conversando animadamente!

Ya estábamos ensayando las despedidas, cuando oímos palmas y mi nombre siendo llamado en la puerta de la casa. Encontré a Cícero y Marcílio, peregrinos brasileños de Paraíba, João Pessoa, que por varios días estaban siendo mis fieles escuderos y excelentes amigos en el Camino. Vieron mi mochila en la puerta de la casa y se quedaron preocupados conmigo. ¡Qué lindo! Solita en el Camino, pero nunca solitaria.

Pablito sonrió feliz... más gente para hablar sobre el Camino, y rápidamente estábamos todos en vuelta de la mesa de golosinas, juntándose a nosotros su mujer. De nuevo cantamos Aquarela do Brasil, y esta vez ¡a cuatro voces entusiastas!

Todos nos fuimos hacia la puerta de la casa, mochilas en las espaldas, cuando Pablito pregunta:

- Peregrina, ¿dónde está su palo?

- No tengo. Tenía uno muy tuerto y lo he dejado para atrás. No necesito. Estoy bien.

- ¡No, no, no! De aquí por adelante, vas a empezar a bajar. Necesitas uno. ¡Venga!

De nuevo con las mochilas en la puerta, seguimos a Pablito, que nos llevó a los fondos de su casa, llegamos a un patio arbolado donde muy bien arreglados habían decenas de cayados peregrinos.

Escuchamos una historia más...

Pablito que ya no podía más hacer el camino a pie, creó la costumbre de ir a una floresta cercana de su casa para coger ramas de palo de avellano – el árbol que produce avellanas – y los ponía en una prensa; el equipo prendía la rama mojada hasta que estuviera seca, quedando bien enderezado. Cuidadoso, los preparaba en diversos tamaños para ofrecer a los peregrinos.

Escogió un bellísimo para mí. Moteado, color de vino tinto con dorado, dos metros de altura. Me pareció muy grande y el me corrigió. Tiene que quedar por encima de tu cabeza, de modo a colocar tu mano en la altura del hombro. Delante de la mirada espantada de los tres, Pablito comenzó una clase de como caminar correctamente con el cayado. Decía: cayado hacia adelante y hacia tras, mientras das tres pasos. ¡Vamos entrenar!

Y allá nos quedamos, desfilando en entrenamiento con el maestro de los cayados, aprendiendo como honrar la generosidad y el cuidado de aquel adorable señor, amigo de los peregrinos. Salimos de Azcuelta felices, protegidos por nuestros cayados y muy agradecidos por la feliz oportunidad de conocer Pablito Sanz.

Ser grande, es servir.

SEGUE O TEU DESTINO, REGA AS TUAS PLANTAS, AMA AS TUAS ROSAS, O RESTO É SOMBRA DE ÁRVORES ALHEIAS.

Ricardo Reis

SIGUE TU DESTINO RIEGA TUS PLANTAS AMA TUS ROSAS EL RESTO SON SOMBRAS DE ÁRBOLES AJENAS.

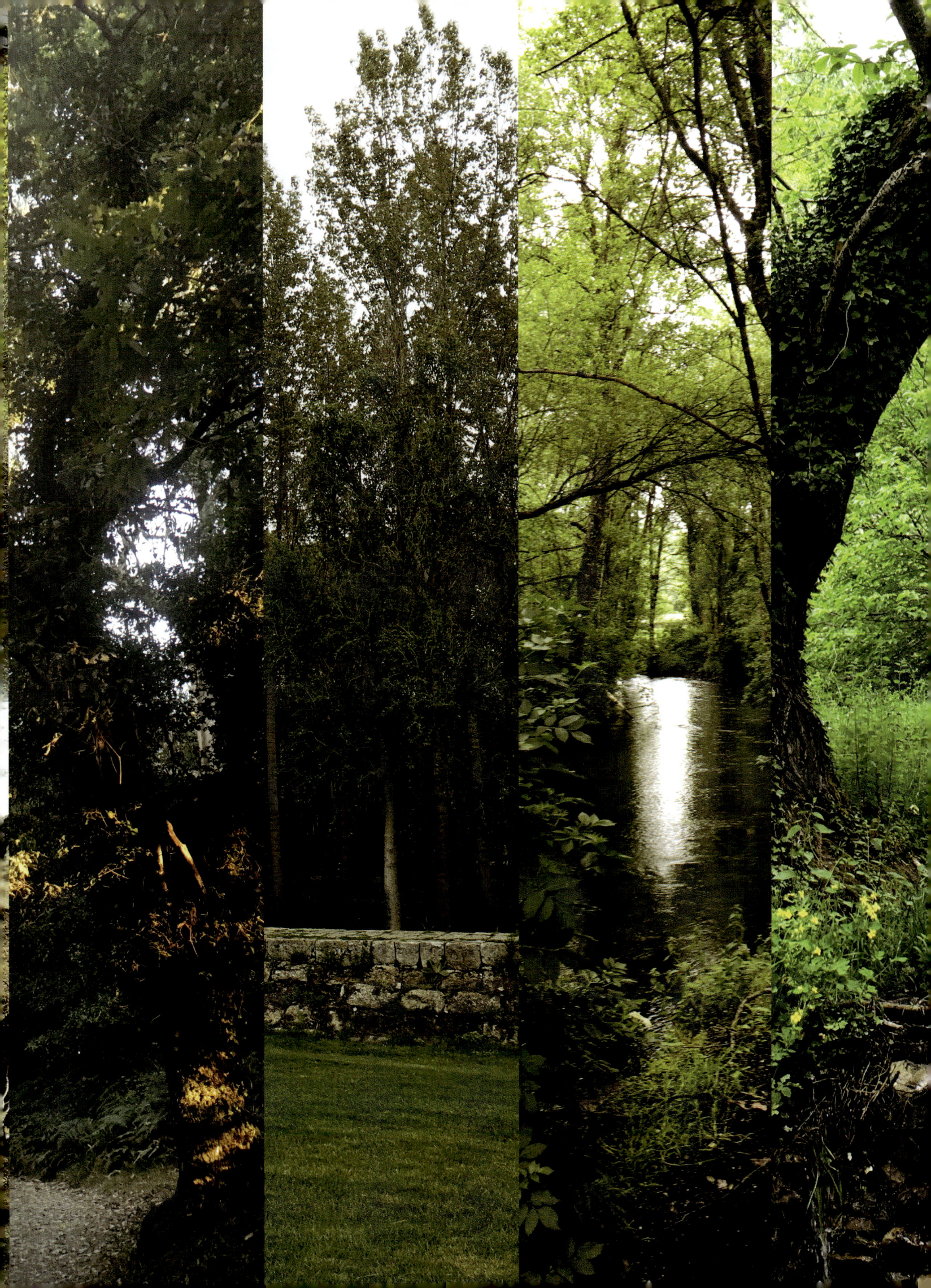

O DESPERTAR PARA
O CAMINHO ME FEZ
SORRIR PELA IDEIA
DE QUE UM DIA
ESTARIA AQUI .

Maria Alice

EL DESPERTAR PARA
EL CAMINO ME HIZO
SONREÍR POR LA IDEA
DE QUE UN DÍA
ESTARÍA AQUÍ

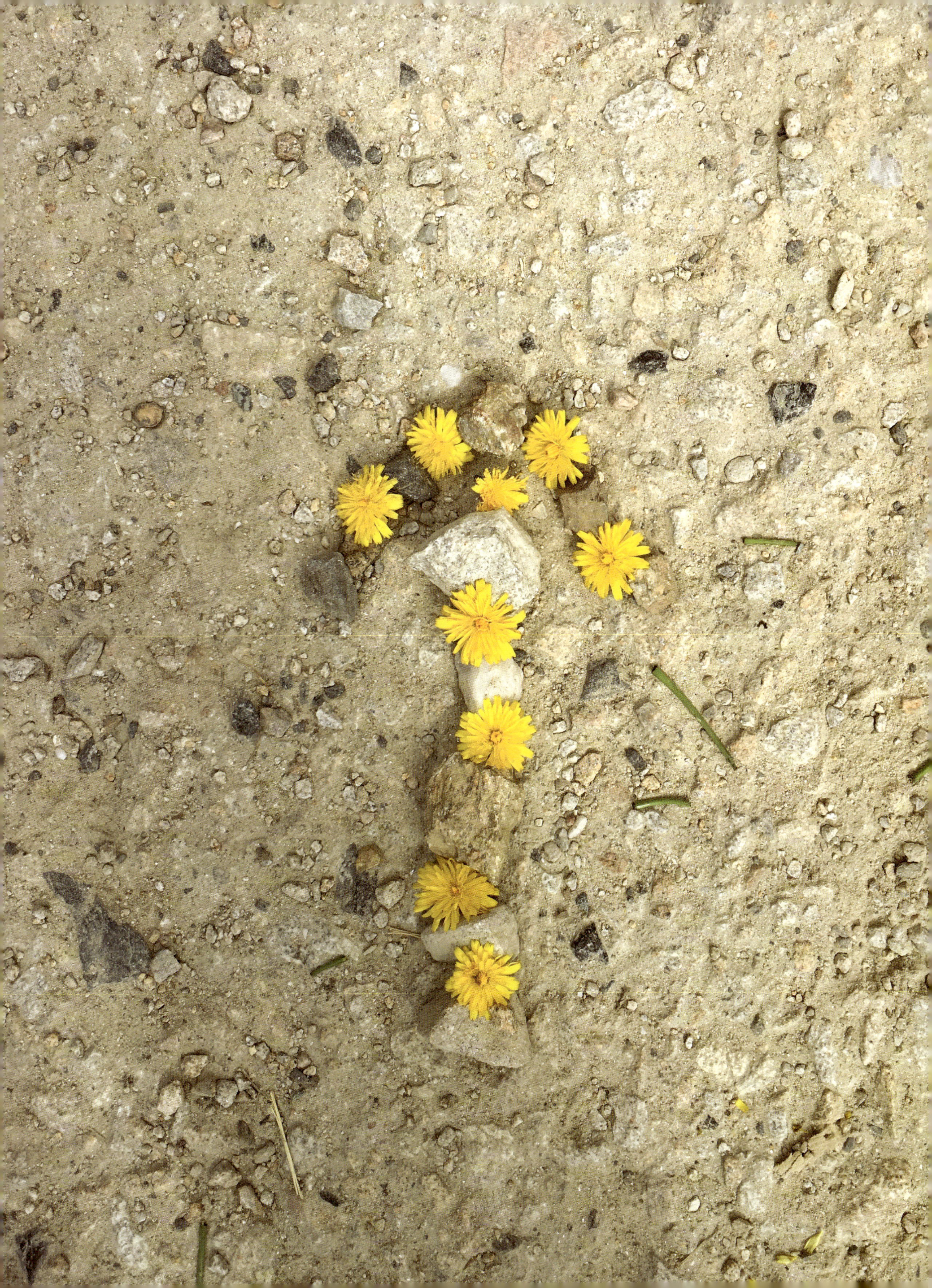

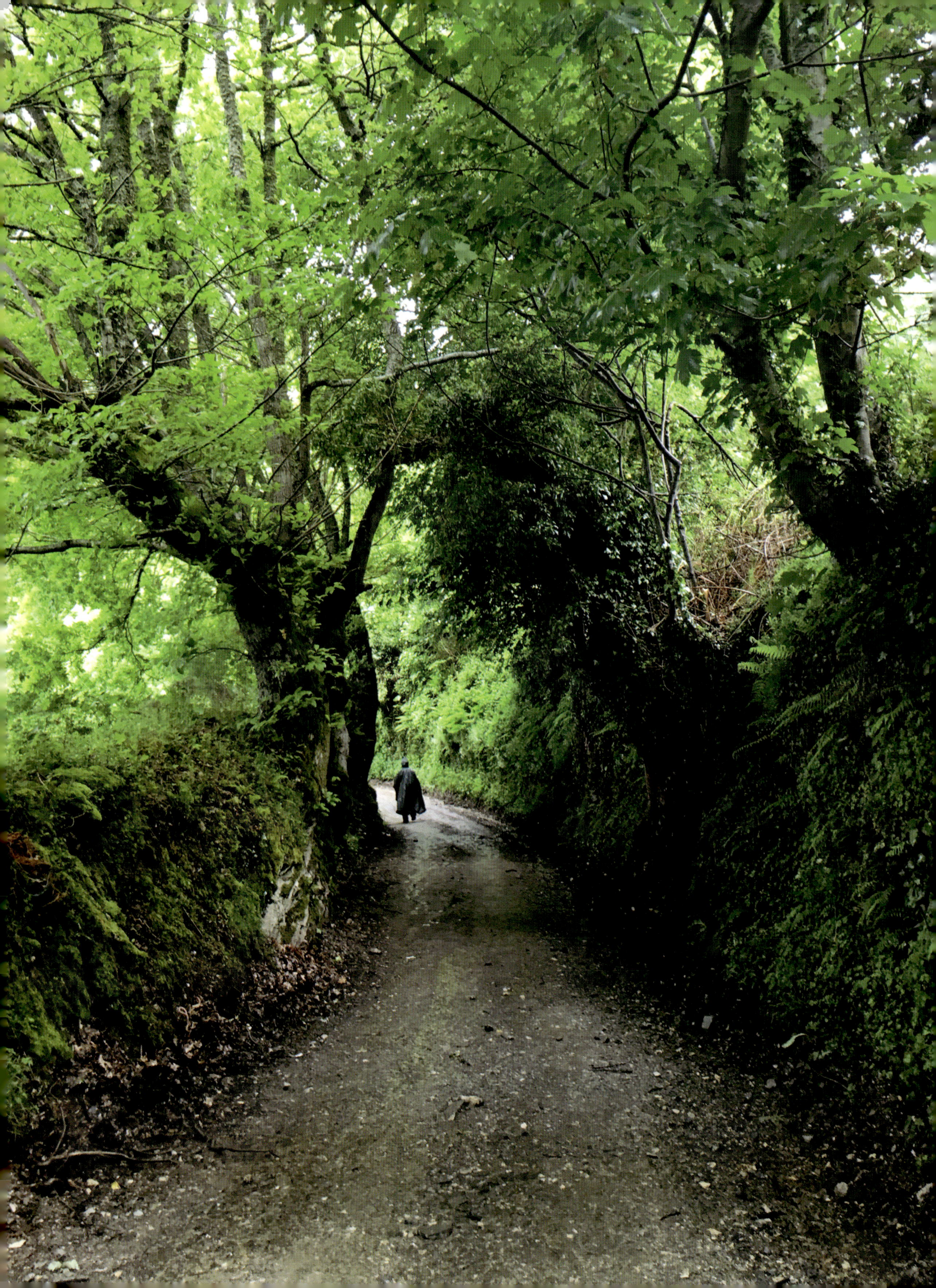

CIDADE DE EL ACEBO – 1142 MTS DE ALTITUDE - CEDINHO NA CHUVA. COMARCA DE EL BIERZO.

LA CIUDAD DEL ACEBO – 1.142 MTS. DE ALTITUD. TEMPRANITO EN LA LLUVIA. COMARCA DE EL BIERZO.

o Cajado

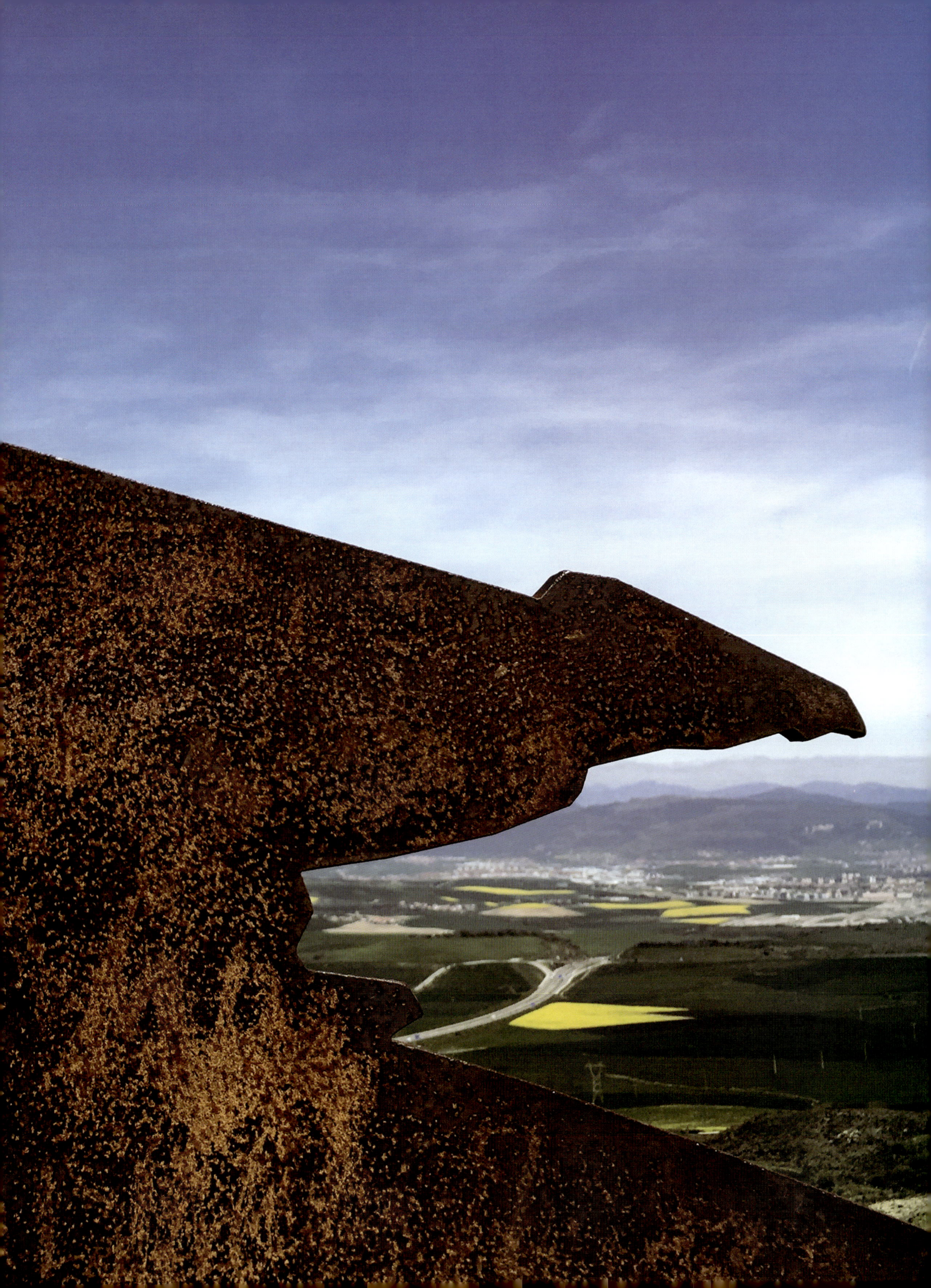

Mais lições o Caminho tinha pra me ensinar sobre cajados – como sempre, lições de vida, de delicadezas e ao nosso próximo.

Muita poeira, calor e a necessidade de me alimentar. Parei em um bar na beira da estrada. Balcão cheio de pessoas da região e também de peregrinos com as mesmas necessidades que eu. Esperei minha vez para pedir água, dando um adeusinho de vez em quando para os dois rapazes atrás do balcão. Nada de me atenderem.

Outras pessoas chegaram, foram atendidas, menos eu.

Já pensava em sair daquele bar quando um peregrino que eu não conhecia se aproximou gentilmente e, de um jeito muito doce, falou em inglês:

- Lindo seu cajado! Para que ele serve?

Olhei meio desconfiada e surpresa pela pergunta, porque sendo ele também peregrino deveria já saber para que serve um cajado, respondi:

- Me ajuda a subir e descer, serve para atravessar lama e água de chuva, descansa a perna que estiver mais cansada, e serve também para me defender.

Novamente, com sorriso doce, me diz:

- E aqui você está se defendendo de alguma coisa?

- Não...

- Então, deve aprender que nunca se entra com cajado na casa de ninguém. Você entrou com ele aqui no restaurante. Deixe lá na porta e volte.

Assim fiz. Agradeci a atitude dele e voltei para o balcão com a intenção de ser atendida ou sair logo daquele lugar. O balcão continuava cheio de gente. Pra minha surpresa, um belo sorriso do outro lado do balcão perguntou:

- Entonces? Que quieres, guapa?!

Nunca mais meu cajado entrou em nenhum lugar... Sempre me espera na saída.

EL CAYADO

Mas lecciones tenía el Camino para enseñarme sobre cayados – Como siempre, lecciones de vida, de delicadezas a nuestro prójimo.

Mucho polvo, calor y la necesidad de alimentarme. Paré en un bar a un lado de la carretera. En la barra del bar, lleno de personas de la región, pero también de peregrinos, que tenían las mismas necesidades que yo tenía. Esperé mi turno para pedir agua, agitando una vez por otra la mano a los muchachos que estaban detrás del balcón. Y nada de que me atiendan. Otras personas llegaron y fueron atendidas, menos yo.

Ya pensaba en salir de aquel bar, cuando un peregrino que yo no conocía se aproximó gentilmente, y de una manera muy dulce, habló en inglés:

- ¡Bonito tu cayado! ¿Para qué sirve?

Lo mire un tanto recelosa y sorpresa con la pregunta, porque siendo también el un peregrino, ya debería saber para qué sirve un cayado, le respondí:

-Me ayuda a subir y a bajar, sirve para cruzar el barro y el agua de la lluvia, descansa la pierna que está más cansada, y también sirve para defenderme.

-Nuevamente, con una dulce sonrisa me dijo:

-¿Y aquí te estas defendiendo de alguna cosa?

-No...

-Entonces debes aprender que nunca se entra en la casa de nadie con un cayado. Has entrado con él, aquí en el restaurante. Déjalo en la puerta y vuelve.

Así lo hice. Le di las gracias por su actitud y retorne hacia la barra del bar con la intención de ser atendida o salir rápidamente de aquel lugar. El balcón continuaba lleno de gente. Pero, para mi sorpresa, una hermosa sonrisa al otro lado de la barra me preguntó:

- ¿Entonces? ¿Qué quieres, guapa?

Nunca más mi cayado entró en ningún lugar...siempre me espera en la salida.

CASTELO DE PONFERRADA – OBRA TEMPLARIA DO ANO DE 1178 – 8.000MT2 – SEC. XII , XIII, XV - TEM NAS PAREDES DE PEDRA MUITOS SÍMBOLOS DE SIGNOS E ASTRONOMIA. A CIDADE GANHOU IMPORTÂNCIA NO CAMINHO DESDE 1082, QUANDO FOI SUBSTITUIDA UMA VELHA PONTE DE MADEIRA POR UMA NOVA EM FERRO. A CIDADE RECEBEU O NOME DE PONS FERRATA

CASTILLO DE PONFERRADA – OBRA TEMPLARIA DEL AÑO 1178.
8.000MT2. SIG.XII, XIII Y XIV- TIENE EN LAS PAREDES DE PIEDRA
MUCHOS SIMBOLOS DE SIGNOS Y ASTRONOMIA. LA CIUDAD HÁ
GANADO IMPORTANCIA EN EL CAMINO DESDE 1082, CUANDO FUE
REEMPLAZADO UN VIEJO PUENTE DE MADERA POR UNA DE HIERRO.
LA CIUDAD GANÓ EL NOMBRE DE PONS FERRATA.

EL ESPEJO

O ESPELHO

Desde pequena falava comigo mesma em frente ao espelho, qualquer espelho! Eu sabia, intuía mesmo que tinha uma coisa muito importante para fazer neste mundo. O que seria? O que será...?

A pergunta silenciosa me provocava, como se viesse de uma parte do espelho que não se deixava ver. Uma pequena pergunta me assusta e acompanha desde sempre e que o tempo, com muita paciência, generosidade e sabedoria, ensina a contemplar muito profundamente.

Sei algumas coisas sobre essa pergunta:
que assusta porque parece grandiosa;
que é como o vento, que sopra sem avisar, mas que leva na direção correta;
que me lembra de honrar e cuidar da minha alma, da mente e do corpo;
que mostra quanto trabalho ainda terei para chegar à completude desse delicado cuidado comigo;
que fala de amor e luz dentro de mim;
que ensina a me conectar comigo mesma e assim, chegar mais perto das pessoas;
que mantém a vontade de caminhar, me dá coragem de crescer e de voltar pra "casa" (que sou eu mesma.)

Caminho em direção a este lugar que me chama. Só eu poderei chegar lá. Sei que está aí parte do meu trabalho pessoal e que não estou só nesta aventura. Somos muitos correndo atrás da pergunta escondida no espelho... E os espelhos estão por toda parte.

Quero e preciso reconhecer o Ser maravilhoso que, por motivo misterioso, insiste em se esconder dos meus sentidos mais comuns. Desejo que este encontro aconteça dentro e não fora de mim. Sei que a simplicidade e o silêncio são grandes aliados na rota e me mostrarão as trilhas que levam ao caminho do coração.

Tudo que você É irá sempre desafiá-lo, se você insistir em ficar preso a tudo que você não É.

Santo Agostinho

EL ESPEJO

Desde niña, hablaba conmigo mismo de frente al espejo, ¡cualquier espejo! Yo sabía, intuía de veras, que tenía algo importante para hacer en este mundo. ¿Que sería? ¿O que será?...

La pregunta silenciosa me provocaba, como si viniera de una parte del espejo que no se dejaba ver. Una pequeña pregunta me asusta y me acompaña desde siempre, y que el tiempo, con mucha paciencia, generosidad y sabiduría nos enseña a contemplar muy profundamente.

Sé de algunas cosas de esta pregunta:
Que asusta porque parece grandiosa;
Que es como el viento, que sopla sin avisar, pero que lleva a la dirección correcta;
Que me acuerda de honrar y cuidar de mi alma, de mi mente y de mi cuerpo;
Que me muestra cuanto trabajo aun tendré para llegar a la perfección de este delicado cuidado conmigo; que habla de amor y de luz dentro de mí.
Que me enseña a conectarme conmigo misma y así, aproximarme más de las personas.
Que me mantiene la voluntad de caminar, que me da coraje de crecer y de volver a "casa" (que soy yo misma).

Camino en dirección a este lugar que me llama. Solo yo podré llegar allá. Sé que ahí está parte de mi trabajo personal, y que no estoy sola en esta aventura. Somos muchos los que corremos atrás de la pregunta escondida en el espejo...y los espejos están por toda parte.

Quiero y necesito reconocer el Ser maravilloso, que por motivo misterioso, insiste en esconderse de mis sentidos más comunes. Deseo que este encuentro ocurra dentro y no fuera de mí. Entiendo que la simplicidad y el silencio son grandes aliados en la ruta y me mostrarán las pistas que llevan al camino del corazón.

Todo lo que Eres, siempre te desafiará, si insistes en quedarte preso a todo lo que no eres.

VA VERS TOI-MÊME

Se Siempre tu mismo!!
Buen Camino   2gz '15

SANTIAGO 315 km

SI A TODO LO QUE ES

RUTA SENDEIRISTA
SAMOS 0,5 km
CAMIÑO DO REAL 0,3 km
FREITUXE 1,7 km

YELLOW MOVEMENT
EL CAMINO
DE SANTIAGO
A SU PASO POR
PALENCIA
CAMIÑO DO PEREGRINO
ARZÚA
Santiago 194,5 Km
SER CAPAZ
Km 28,836

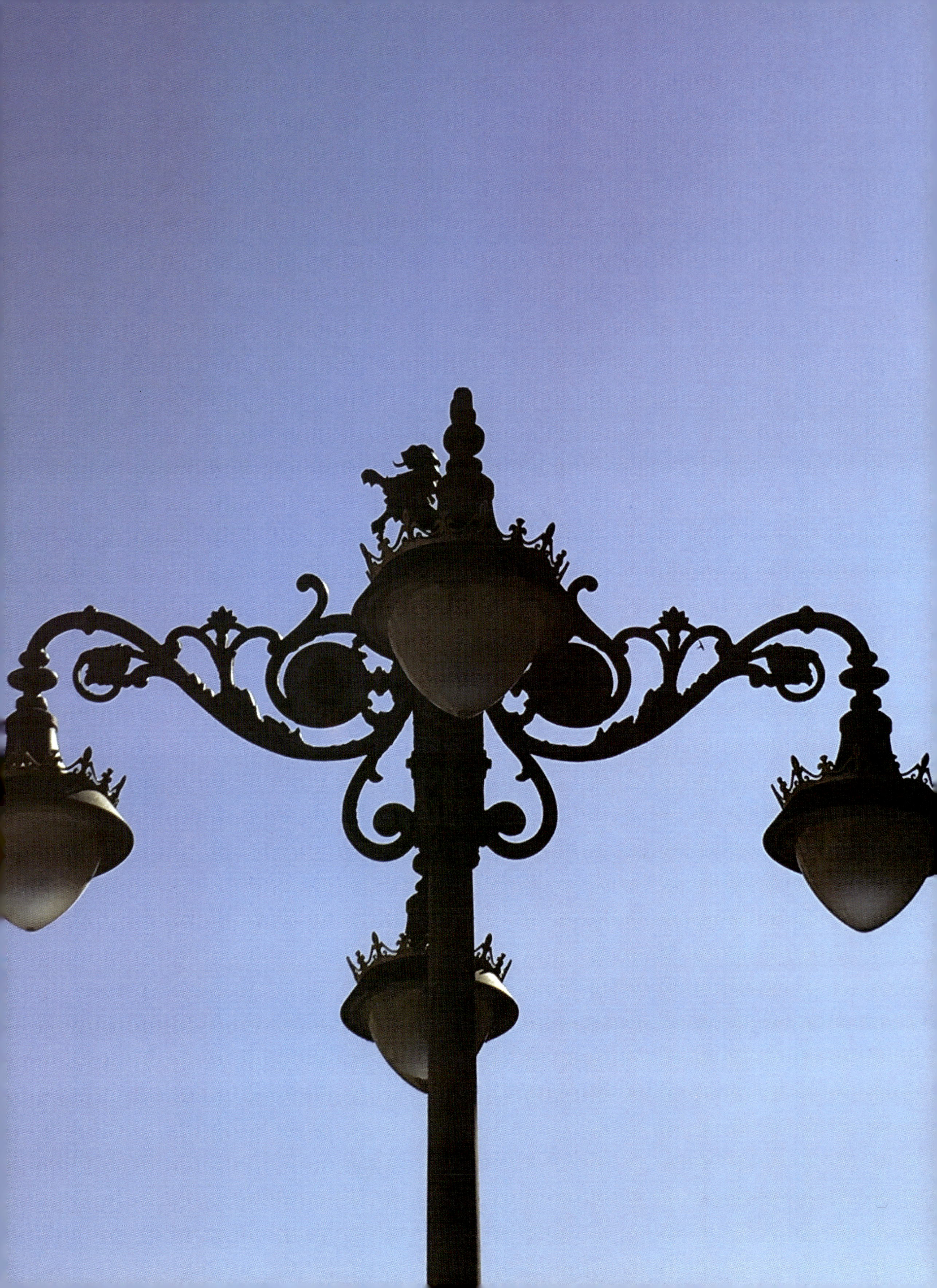

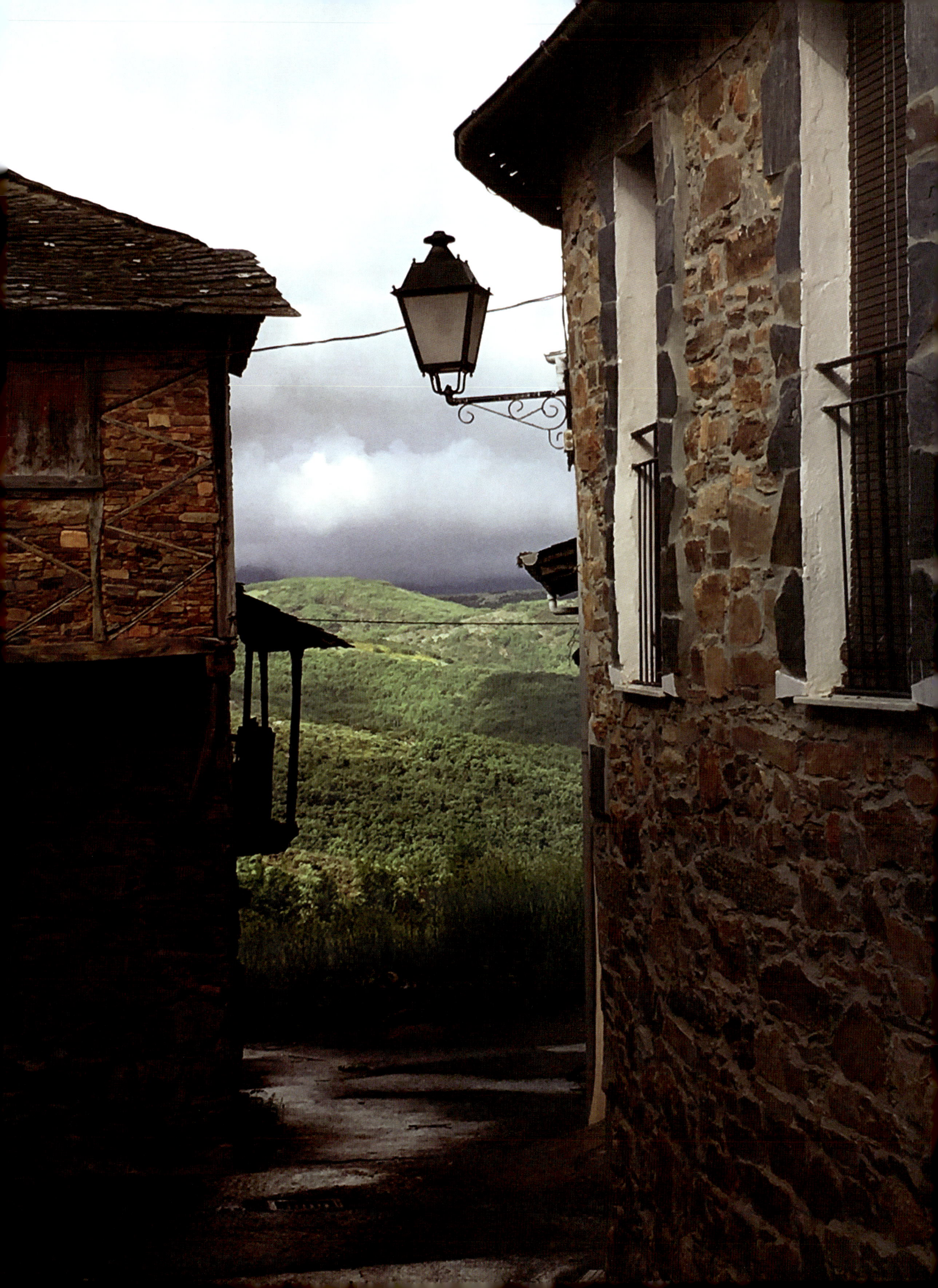

Adoro a região das mesetas.

Trechos planos, apenas pequenas ondulações, nos mostram o Caminho em linha sinuosa que parece não ter fim, em meio aos campos de trigo, perto de Burgos, na região de Castilla y Leon.

Apesar da aridez, o silêncio desses longos quilômetros me agrada. No meio do trigal, pequenas papoulas vermelhas se atrevem a aparecer. A quase monotonia das mesetas só se altera pelo cantar do vento, às vezes forte, que forma um lindo balé onde o trigo balança em uníssono com ele. Esse vento às vezes parece estar caminhando atrás de mim, querendo escutar meus pensamentos – que são muitos, turbinados pelo silêncio da região... Ali, é mais fácil olhar para dentro, questionamentos chegam rápidos, embora nem tão rápidas as soluções ou decisões. Gosto muito de caminhar nessas mesetas. A sensação de liberdade é plena: na vastidão do trigal.

O BELO PERIGOSO

MESETAS: EL BELLO PELIGROSO

    Me encanta la región de las mesetas.

    Pasajes planos, con apenas pequeñas ondulaciones, nos muestran el camino en línea sinuosa que parece no tener fin, en medio de los campos de trigo, cerca de Burgos, en la región de Castilla y León.

    A pesar de la aridez, el silencio de estos largos kilómetros me agrada. En medio al trigal, pequeñas amapolas rojas se atreven a aparecer. La casi monotonía de las mesetas solo se alteran por el cantar del viento, a veces fuerte, formando un lindo ballet, donde el trigo balanza en unísono con él. Este viento, a veces parece estar caminando atrás de mí, queriendo escuchar mis pensamientos – que son muchos, incrementados por el silencio de la región. Ahí, es más fácil mirar hacia dentro. Cuestionamientos llegan más rápido, aunque no sean tan rápidas las soluciones o decisiones. Me gusta mucho caminar por las mesetas. La sensación de libertad es plena: Yo, caminando en la inmensidad del trigal.

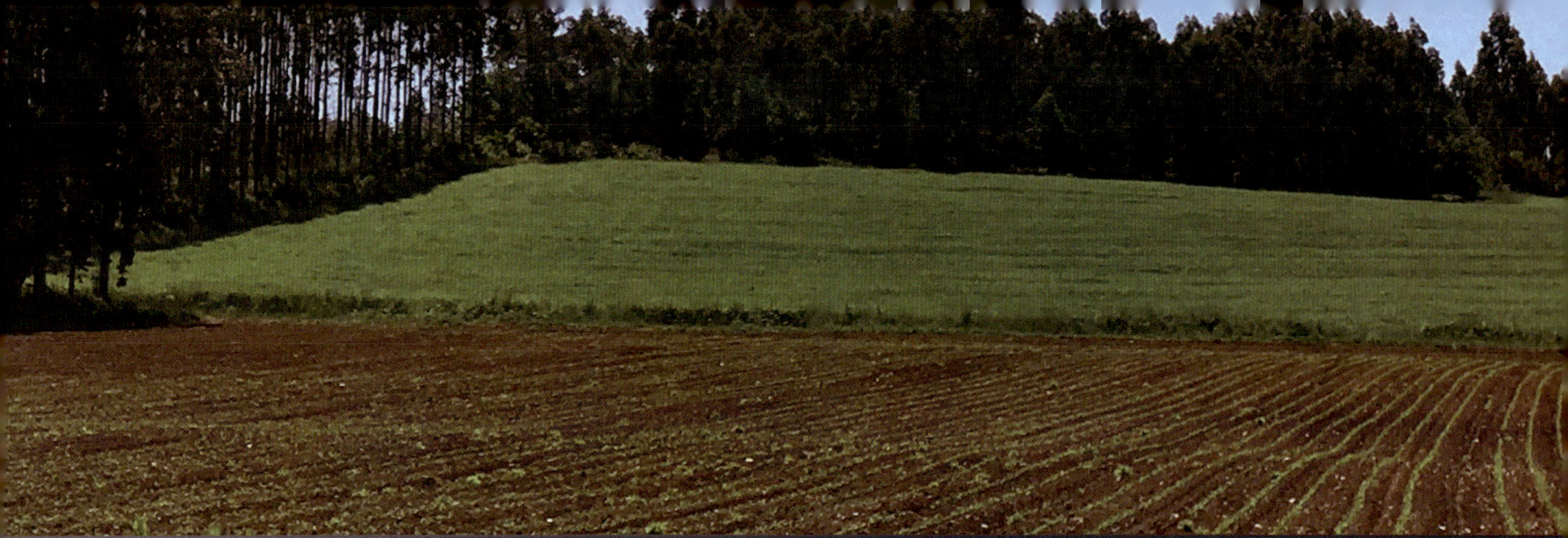
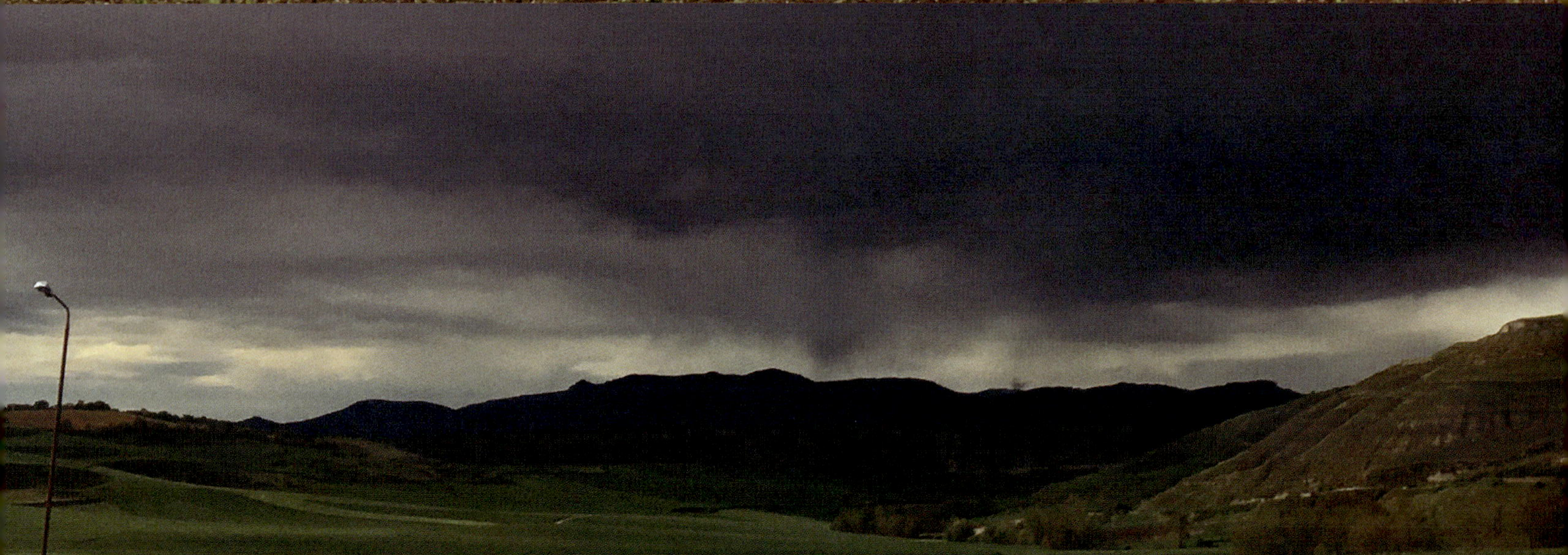
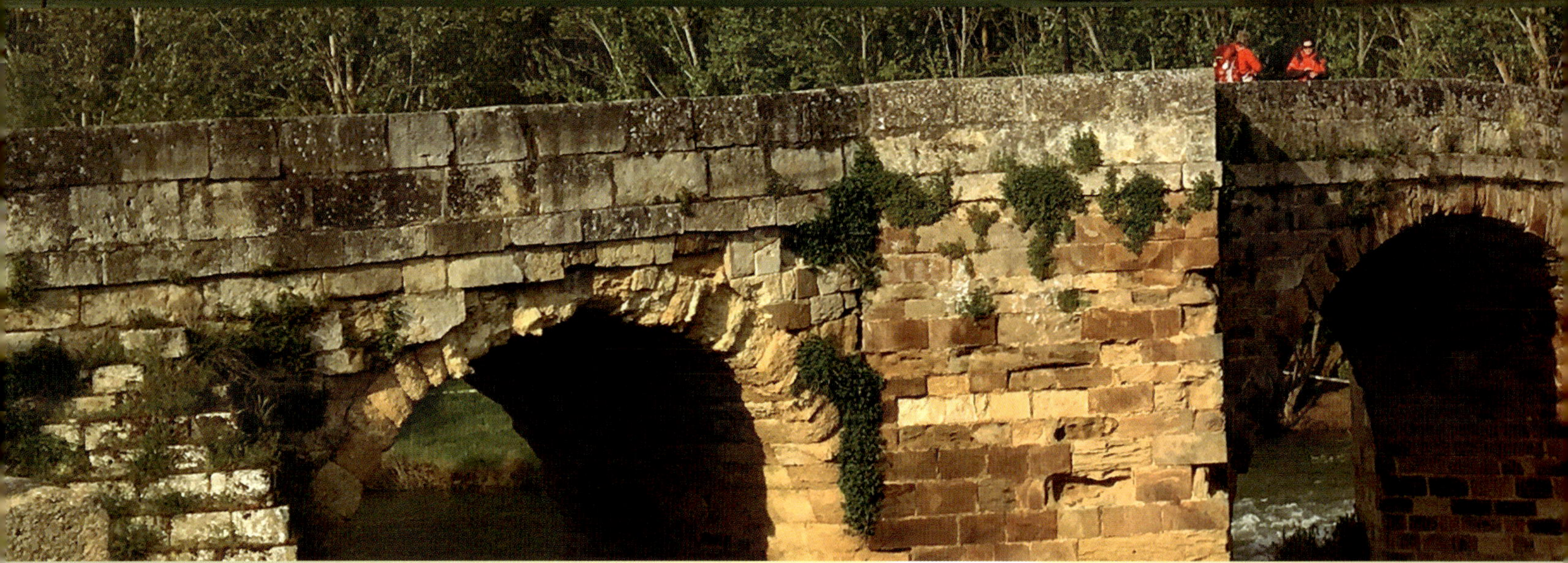
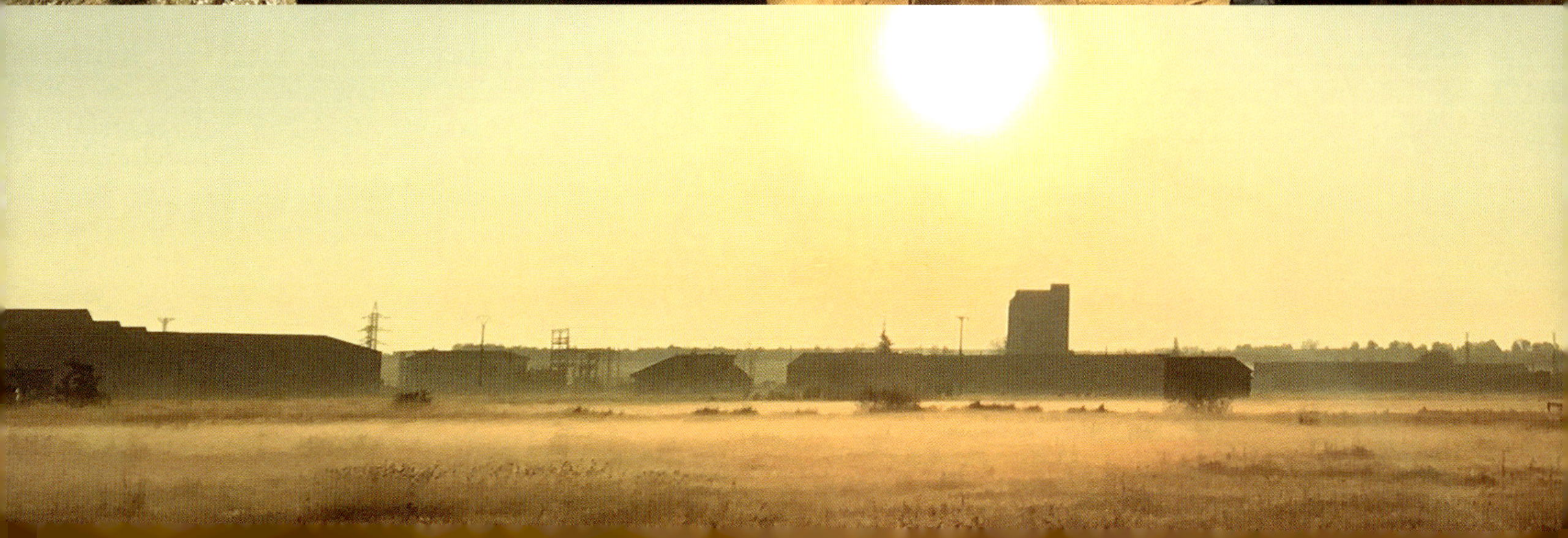

HÁ UM TEMPO
EM QUE É PRECISO
ABANDONAR AS
ROUPAS USADAS QUE
JÁ TÊM A FORMA DO
NOSSO CORPO,
E ESQUECER OS
NOSSOS CAMINHOS,
QUE NOS LEVAM SEMPRE
AOS MESMOS LUGARES.
É TEMPO DE TRAVESSIA E,
SE NÃO OUSARMOS FAZÊ-LA,
TEREMOS FICADO PARA
SEMPRE À MARGEM
DE NÓS MESMOS.

Fernando Pessoa

HAY UN TIEMPO
QUE ES NECESARIO
ABANDONAR LAS
ROPAS USADAS QUE
YA TIENEN LA FORMA
DE NUESTRO CUERPO,
Y OLVIDARNOS DE
NUESTROS CAMINOS,
QUE NOS LLEVAN
SIEMPRE A LOS
MISMOS LUGARES.
ES TIEMPO DE TRAVESÍA
Y SI NO OSAMOS
APRENDERLA,
NOS HABREMOS
QUEDADO PARA SIEMPRE
AL MARGEN DE
NOSOTROS MISMOS.

JANELA - CASA BOTINES -1892 -
OBRA DE ANTONIO GAUDI - CIDADE DE LEON.

ARVORES DA CIDADE DE HOSPITAL DE ORBIGO –
PROVINCIA DE CASTILLA Y LEON
ÁRBOLES DE LA CIUDAD DE HOSPITAL DE ÓRBIGO –
PROVINCIA DE CASTILLA Y LEÓN.

TRIACASTELA – Espada de Santiago e Flecha do Caminho. Provincia de LUGO – Regiao da Galicia

Triacastela – espada de Santiago y flecha del camino. Provincia de Lugo. Región de Galicia.

REFLETINDO ENQUANTO CAMINHO

É impossível evitar a conversa entre o corpo e a alma!

O corpo não pode ser separado da mente e nem a mente separada da alma – diz o grande mestre da yoga, B.K.S. Iyengar: "O ritmo do corpo, a melodia da mente e a harmonia da alma criam a sinfonia da vida".

Reflito sempre neste profundo diálogo entre corpo e alma. Minha mente reflete o que está fora e dentro de mim, mesmo quando meu corpo está parado.

Minha mente trabalha livre.

O corpo se exercita e minha mente me cansa, não descansa...

As dores da alma se consegue disfarçar; o corpo algum dia se apagará como um interruptor que se desliga. A mente se calará, mas... e a alma? Voará livre e plena pelo Universo, deixando para trás este mundo de vontades e desejos?

Uma pequena pena branca interrompe minhas divagações, em pleno Caminho a Santiago: parece ser de pombo... me traz um sinal de paz, harmonia e grande ensinamento. "Pássaros só perdem penas quando voam" - isto significa vida, movimento, não estagnar. É necessário coragem para sempre buscar, não desistir, não acomodar. Perder algumas penas faz parte do caminho de cada indivíduo.

No Caminho tudo é muito! Falamos sobre o cansaço, a solidariedade, comida, descanso, respeito ao próprio corpo. O resto virá a cada dia, é só procurar a seta.

Alguém mais rápido ou mais lento! Deixaremos ir... Há silêncio pesado ao redor. Caminhamos separados. Já não olhamos para o mesmo horizonte. Conversas frívolas, inspirar, respirar, explodir... É muito e quase nada. Observo com afeto e distância, me deixo ficar atrás com o propósito de soltar meu pássaro. Desapego, feliz EU. Choro pela consciência do momento. Me sinto grata. Logo adiante, na primeira encruzilhada, cada um vai escolher um caminho diferente.

"See you... seja feliz! Bom caminho por toda a sua vida!" Mudar o que está funcionando há muito tempo custa caro, mas é necessário.

REFLEXIONANDO MIENTRAS CAMINO

¡Es imposible evitar la conversación entre el cuerpo y el alma!

El cuerpo no puede ser separado de la mente, ni la mente puede ser separada del alma – dice el gran maestro de yoga, B.K.S. Iyengar: "El ritmo del cuerpo, la melodía de la mente, y la armonía del alma crean la sinfonía de la vida".

Reflexiono siempre en este profundo dialogo entre el cuerpo y el alma. Mi mente refleja lo que está fuera y dentro de mí, mismo cuando mi cuerpo está parado.

Mi mente trabaja libre.

El cuerpo se ejercita, y mi mente me cansa. No descansa...

Los dolores del alma se consigue disfrazar; el cuerpo algún día se apagara como un interruptor que se cierra. La mente se callara, ¿pero...y el alma? ¿Volara libre y plena por el Universo, dejando para tras este mundo de voluntades y deseos?

Una pequeña pluma blanca interrumpe mis divagaciones, en pleno Camino a Santiago: Parece ser de paloma... me trae una señal de paz, armonía y una gran enseñanza. "Los pájaros solo pierden las plumas, cuando vuelan" – esto significa vida, movimiento, no estancar. Es necesario coraje para siempre buscar, no desanimar, no acomodar. Perder algunas plumas hace parte del camino de todo individuo.

¡En el camino todo es mucho! Hablamos sobre el cansancio, la solidaridad, comida, descanso, respeto al propio cuerpo. Lo demás, vendrá a cada día, basta buscar la flecha.

Alguien más rápido o más lento! Lo dejaremos ir... Hay un silencio pesado alrededor. Caminamos separados. Ya no miramos para el mismo horizonte. Conversaciones frívolas, inspirar, respirar, explotar... Es mucho y casi nada. Observo con afecto y distancia. Me dejo quedar para atrás con el propósito de soltar mi pájaro. Desapego. Feliz YO. Lloro por la conciencia del momento. Me siento agradecida. Más adelante, en una encrucijada, cada uno va a escoger un camino diferente.

"¡Sea feliz! ¡Buen camino, por toda tu vida!" Cambiar lo que está funcionando hace mucho tiempo cuesta caro, pero es necesario.

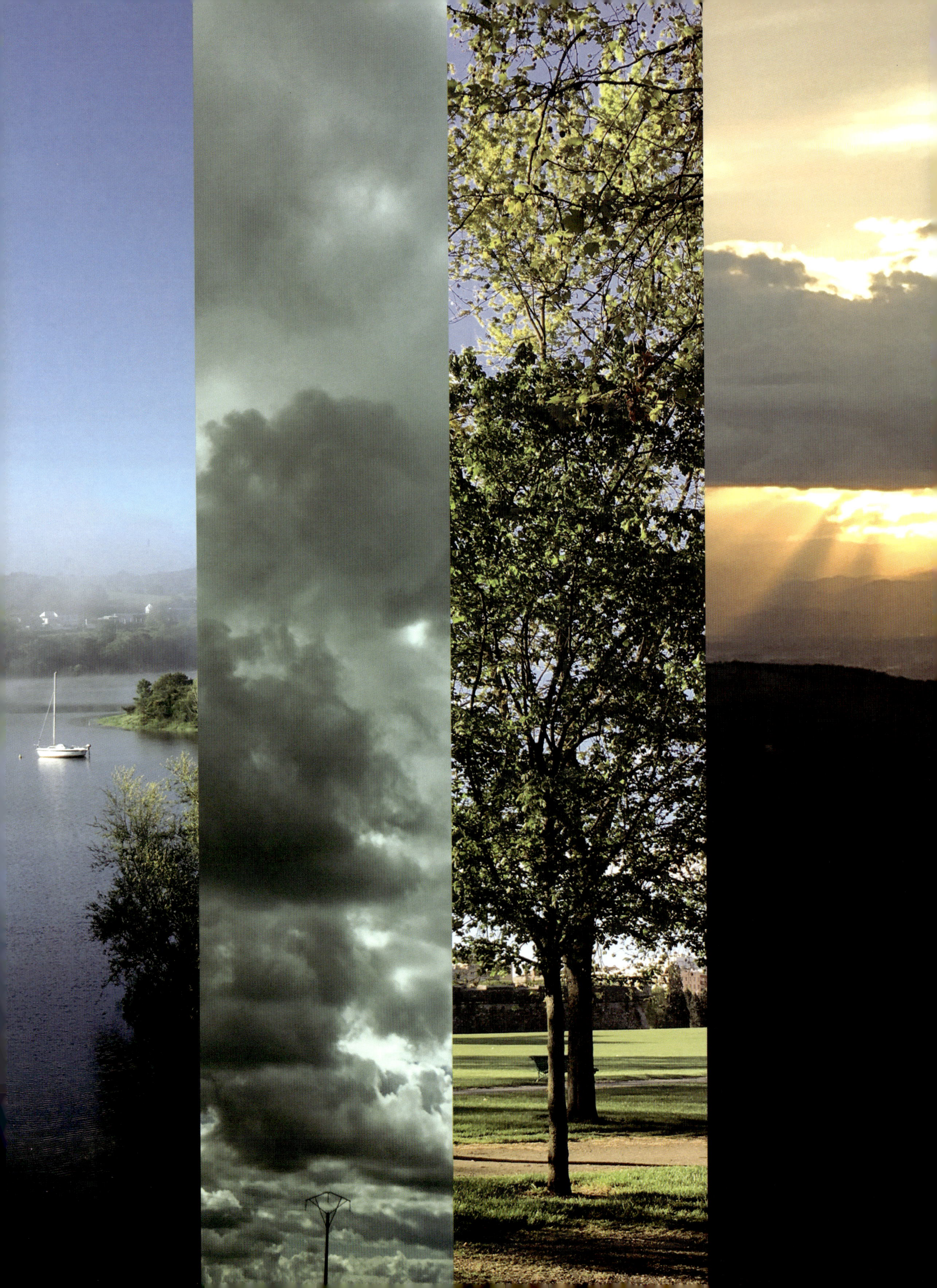

FAZER SEMPRE
O SEU MELHOR É
TRANSFORMADOR

Maria Alice

HACER SIEMPRE
TÚ MEJOR ES
TRANSFORMADOR.

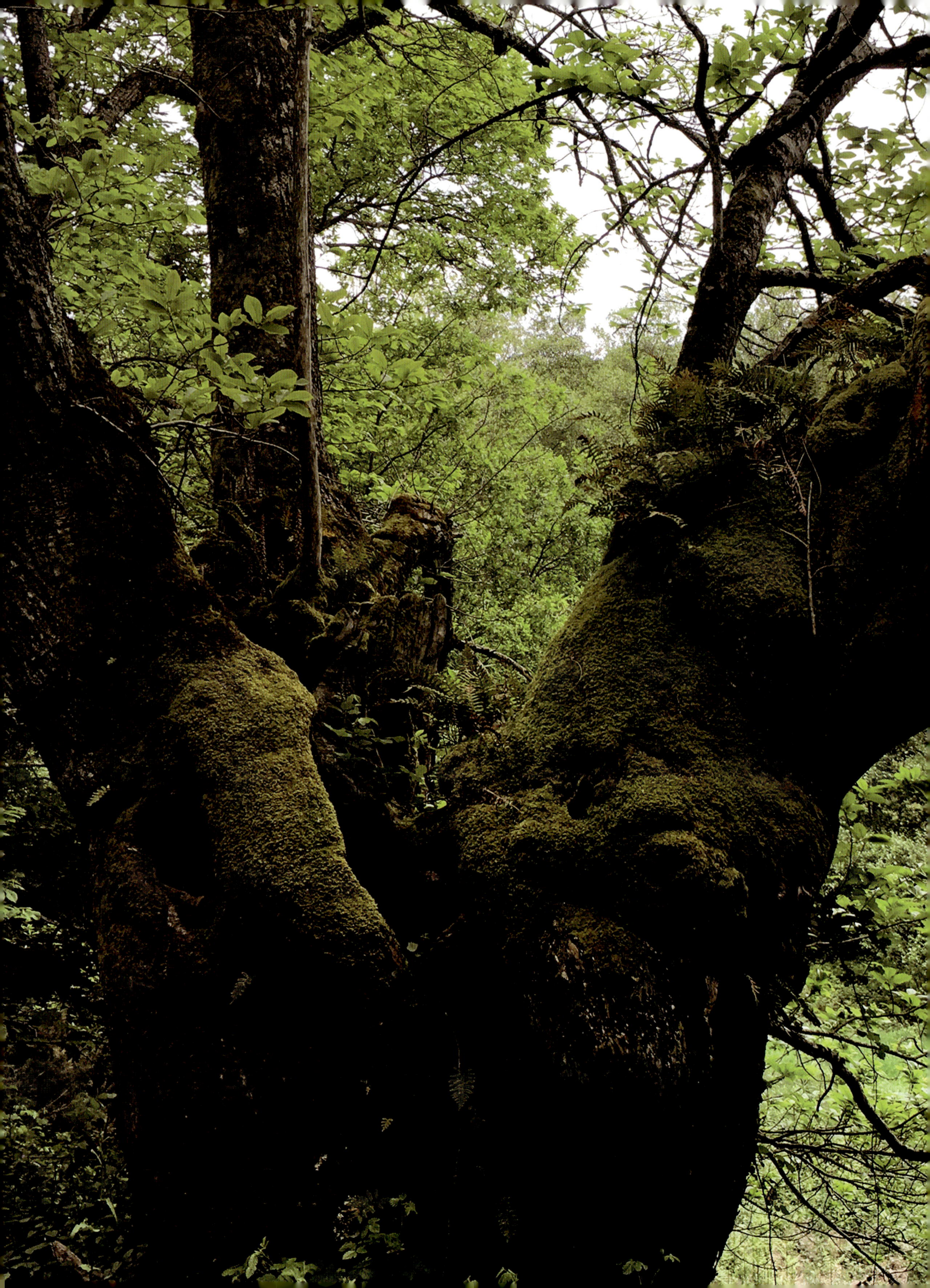

TULIPAS – VENCEM A FORÇA DAS
PEDRAS DO CASTELO TEMPLÁRIO
DE PONFERRADA.
*TULIPANES – VENCEN LA FUERZA
DE LAS PIEDRAS DEL CASTILLO
TEMPLARIO DE PONFERRADA.*

UMA NOITE COR-DE-ROSA

Comecei a subida de Astorga a Rabanal com Maria Rosa, peregrina da Venezuela, que caminhava lentamente, apesar da mochila com apenas 4 kg. Trazia comida, sandálias, um livro e pequeno diário. O corpo cansado usava apenas uma bermuda e uma camisa, roupa de safari para rápida secagem. Era também a única roupa que levava, no próprio corpo. Aprendi com Rosa. Hoje, minhas roupas peregrinas são do mesmo tipo. Conclusão: mochila sempre mais leve!

Minha coluna já dava sinais desagradáveis de desconforto por ter passado o dia caminhando num ritmo que não era o meu. Algumas vezes, pensei em acelerar um pouco, mas deixar Rosa pra trás tão machucada fazia barulho em minha cabeça... Eu me perguntava em silêncio: estou fazendo o Caminho dela ou o meu? Foi um longo e exaustivo dia pra mim, completando essa etapa em muito mais horas do que vinha fazendo nos dias anteriores, o que significou mais calor, mais poeira e mais desgaste, ao caminhar tão fora do meu ritmo. Cheguei a Rabanal del Camino no final da tarde, com temperatura de 38° e sol a pino às 18h.

Entramos em Rabanal pela Calle Real, um caminho reto e largo. Subindo a rua, passamos pela Casa das Quatro Esquinas onde, em tempos idos, se hospedou Felipe II. No centro do povoado, encontramos a fonte e a igreja que pertenceu aos templários, dedicada à Santa Maria e ainda mostrando detalhes românicos do século XII. Conta a história que da colina de Rabanal del Camino, Carlos Magno conseguia vigiar as cidades de Astorga, Mansilla de las Mulas e Sahagún.

Muito cansadas, Rosa foi para o hotel e eu entrei no Nossa Senhora del Pilar, onde os hospitaleiros adoram o Brasil e demonstram esse afeto com uma bandeira brasileira na entrada. Isabel é a dona do, sempre sorridente, animada e solícita: já no clima festivo das tardes peregrinas, quando todos se reúnem para troca de experiências, bocadillos e drinques, celebrando mais uma etapa vencida.

Esse albergue podia abrigar em torno de cinquenta pessoas, estava lotado. Meu olhar foi de desânimo.

Isabel ficou preocupada comigo e, me abraçando gentilmente, me fez subir as escadas da casa e disse: "Hoje minha filha de dez anos vai dormir comigo e vai emprestar seu quarto pra você!".

Do cansaço, passei à gratidão!

Quando abri a porta do quarto da menina, a emoção tomou conta de mim: era cor-de-rosa por inteiro, coberto de bonecas por todos os lados, criando um cenário que jamais esperei encontrar no Caminho a Santiago! Quarto de menininha e eu... quantas memórias queridas ao ser acolhida desse modo, depois de vinte dias no Caminho!

Todos os dias se faz missa às 19h na pequenina igreja de Santa Maria, raramente há padres, as leituras, cada um em seu próprio idioma. Missais em muitas línguas são cuidadosamente arrumados sobre a cômoda na entrada. O som dessas leituras, com o mesmo texto em vários idiomas, é mágico... Absolutamente harmônico... harmonia peregrina inebriante!

Quando me deitei para dormir no quarto cor-de-rosa, chorei agradecida e feliz! Primeira noite sem roncos e ruídos dos s. Dormi sozinha pela primeira vez em vinte dias no Caminho!

Albergue em Rabanal – entusiasmados pelo Brasil 1999.
Albergue en Rabanal – entusiasmados por el Brasil.

UNA NOCHE COLOR ROSA

Comencé la subida de Astorga a Rabanal con Maria Rosa, peregrina de Venezuela, que caminaba lentamente, a pesar de que su mochila tenía apenas 4Kg. Traía comida, sandalias, un libro y pequeño diario. El cuerpo cansado apenas usaba una bermuda, y una camisa, ropa cómoda, estilo safari, para rápido secado. Era también la única ropa que llevaba, en el propio cuerpo. Aprendí con Rosa. Hoy en día mis ropas peregrinas son del mismo tipo. Conclusión: ¡la mochila está siempre más liviana!

Mi columna ya daba señales desagradables de molestias por haber pasado todo el día caminando bajo un ritmo que no era el mío. Algunas veces pensé en acelerar un poco, pero dejar a Rosa para tras tan lastimada, hacia ruido en mi cabeza...En silencio yo me preguntaba si estoy haciendo mi Camino o el de ella. Fue un día largo y agotador para mí, completando esta etapa con mucho más horas de lo que venía haciendo en los días anteriores, resultando en más calor, más polvo y más desgaste, por caminar tan fuera de mí ritmo. Llegue a Rabanal del Camino, al final de la tarde, con temperatura de 38° y el sol pegando fuerte a las 18h

Entramos en Rabanal por la Calle Real, un camino recto y ancho. Subiendo la calle, pasamos por la Casa de la Cuatro Esquinas, que en tiempos pasados se había alojado el rey Felipe II. En el centro del poblado encontramos con la fuente y la iglesia que perteneció a los templarios, dedicada a Santa María y todavía mostrando detalles románicos del siglo XII. Nos cuenta la historia que de la Colina de Rabanal del Camino, Carlomagno conseguía vigilar las ciudades de Astorga, Mansilla de la Mulas y Sahagún.

Estábamos muy cansadas. Rosa se fue para el hotel y yo entré en el alberge Nuestra Señora del Pilar, adonde los hospitalarios son encantados por el Brasil, y demuestran este afecto con una bandera brasileña puesta en la entrada del hostal. Isabel es la dueña y está siempre sonriente, animada y solícita., Todos ya en clima festivo de las tardes peregrinas, cuando todos se reúnen para intercambios de experiencias, bocadillos y bebidas, celebrando más una etapa vencida.

Este alberge puede abrigar alrededor de 50 personas, estaba lleno de gente.. Mi mirada fue de desánimo.

Isabel se quedó preocupada conmigo, y abrazándome gentilmente, me hizo subir la escalera de la casa y dijo: "Hoy mi hija de diez años se va a dormir conmigo y te va emprestar su cuarto".

Del cansancio pasé a la gratitud!

Cuando abrí la puerta del cuarto de la niña, la emoción se apodero de mí: era de color rosa por entero, cubierto de muñecas por todo lado, una camita de soltero, ¡creando un escenario que jamás espere encontrar en el Camino a Santiago! Cuarto de niñita y yo...cuantos recuerdos queridos, al ser acogida de este modo, ¡después de 20 días del Camino!

Todos los días hay misa a las 19h en la pequeñita Iglesia de Santa María, Raramente hay Padre en esta misa. Entonces, los peregrinos hacen solitos las lecturas, cada uno en su propio idioma. Misales en varias lenguas son cuidadosamente ordenados sobre la cómoda en la entrada de la Iglesia. El sonido de estas lecturas, con el mismo texto en varios idiomas ¡es mágico... absolutamente armónico...armonía peregrina embriagadora!

Cuando me acosté para dormir en el cuarto color rosa, ¡lloré agradecida y feliz! Primera noche sin ronquidos y ruidos de los hostales ¡Dormí solita por primera vez en 20 días en el Camino!

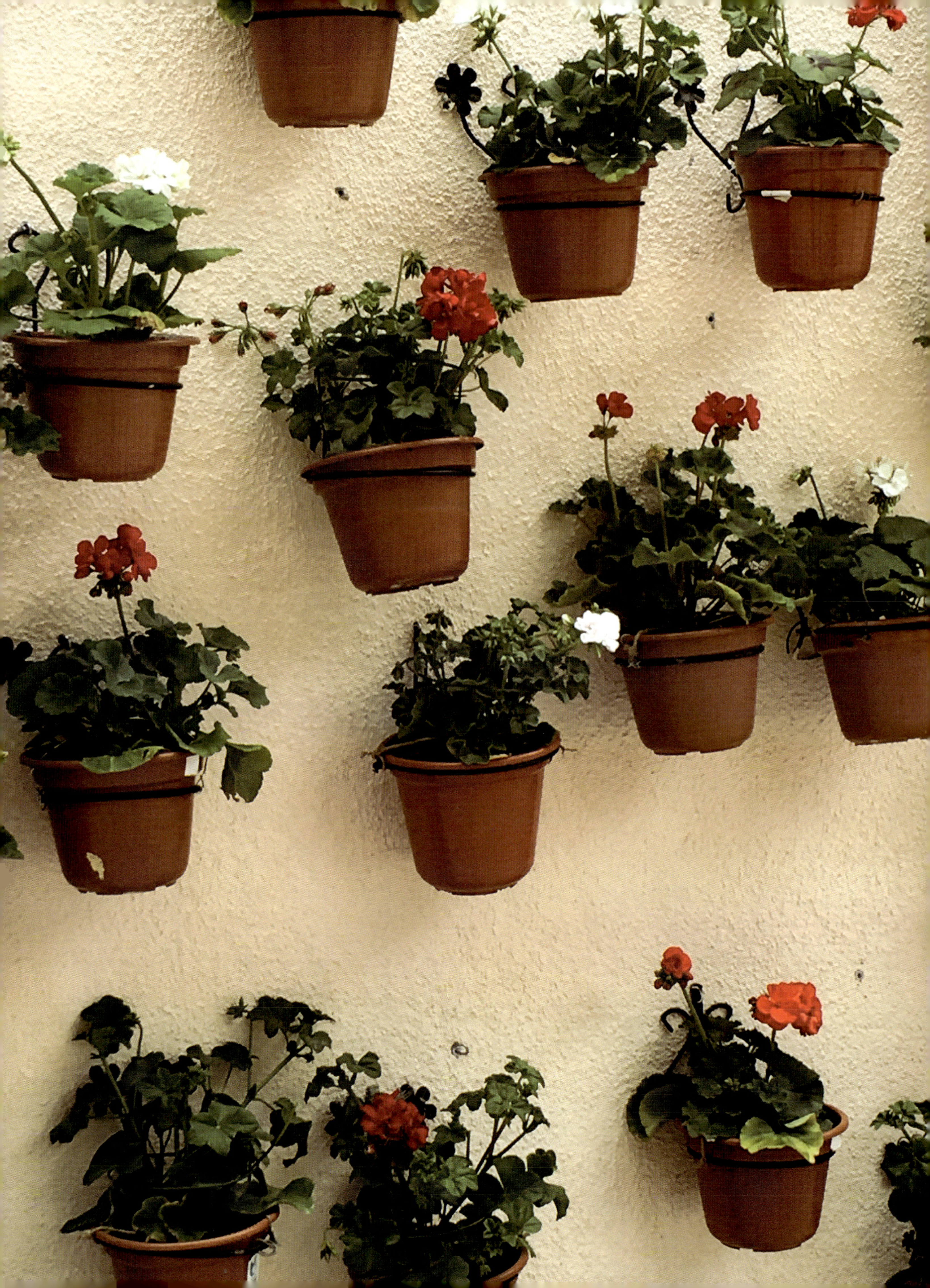

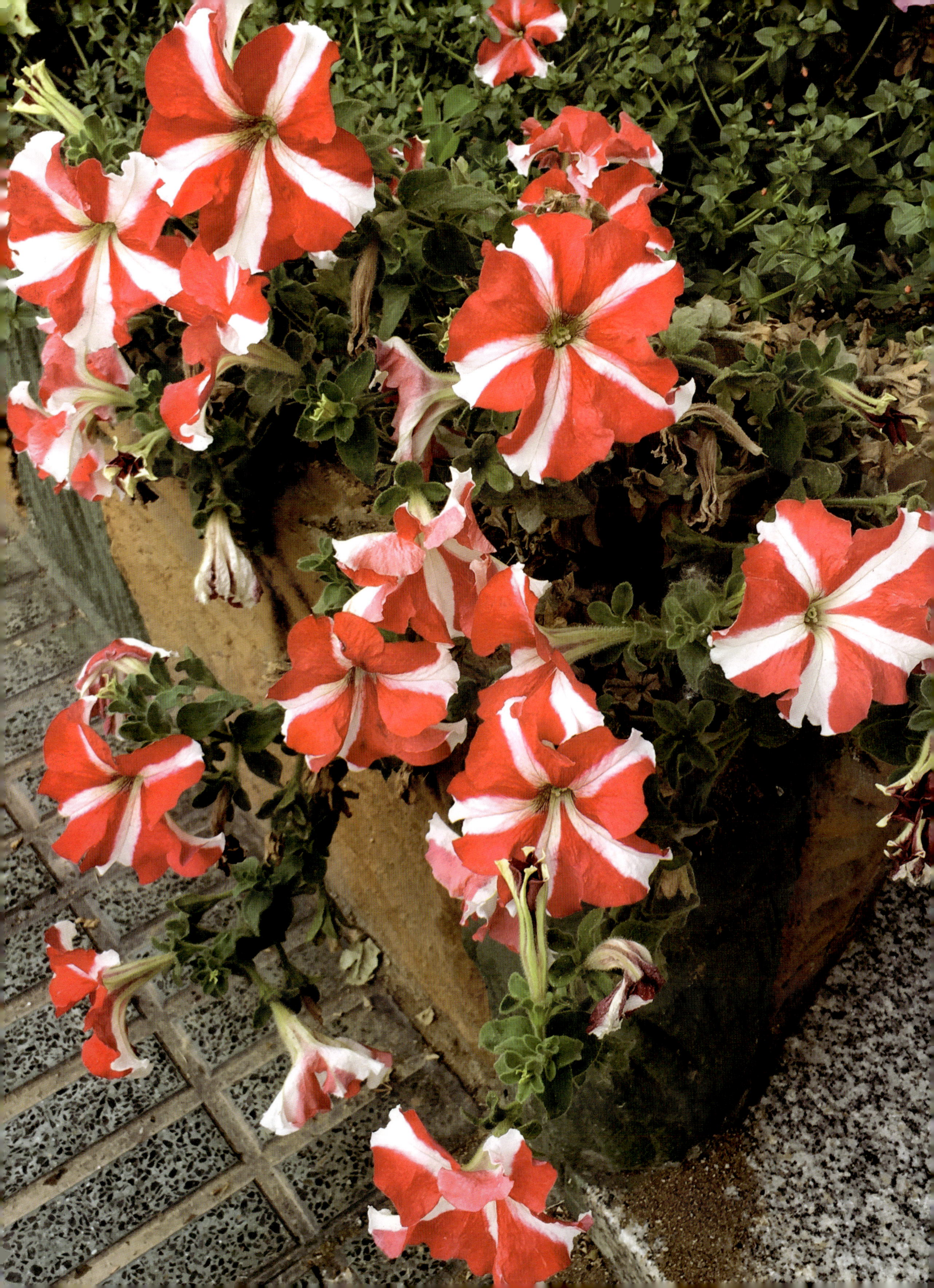

O CEBREIRO

PÓRTICO DA CATEDRAL DE BURGO

SECADOR PARA BOTAS MOLHADAS - ALBERGUE EM FONFRIA
SECADOR PARA BOTAS MOJADAS - ALBERGUE EN FONFRIA

592
Kms

A Santiago

Antes de embarcar para a Espanha para a primeira vez no Caminho, jantei com Christina Oiticica e Paulo Coelho, que me disse: "Não deixe de visitar as pessoas que são ícones no Caminho: Jesus Jato, Tomaz de Manjarin, Pablito e muitos outros que você descobrirá caminhando..."

Manjarin fica a 1400m de altitude, dois quilômetros depois da emblemática Cruz de Ferro, onde me emocionei muito ao fazer uma oração para meus filhos, ao ver um papel onde estava escrito bem legível: Rodolfo! Cedo aprendi que são muito frequentes os recados do universo que os peregrinos recebem diariamente.

Tinha certeza de que seria um lugar especial e encontraria, também, pessoa muito especial. Me chamou atenção o totem com setas indicando a distância, em quilômetros, dali para muitos outros caminhos – Roma, Jerusalém, Brasil e Santiago, entre tantos mais.

Abri a porteira e, ao fundo da entrada, vi um homem de barba grisalha e rala, que começou a badalar um sino. Adoro sinos! Perguntei por Tomaz:

- Sou eu. Estava esperando você!

- Deve ser engano. Não avisei a ninguém que viria hoje aqui.

Sorriu acolhedor e respondeu:

- Mas eu sabia...!

Me levou até uma rústica varanda coberta, onde havia café, objetos à venda, e peregrinos conversando.

Tomaz me convidou para sentar com ele no jardim, onde patos, gansos e galinhas desfilavam barulhentos. Havia flores, muitas flores naquele jardim!

Tomaz quis saber por que eu estava no Caminho, qual a impressão até aquele ponto, perguntou por experiências marcantes, se gostava da comida peregrina, se estava com machucados... Em seguida, começou a falar da minha vida: pessoas, filhos, meus casamentos. A cada frase, mais impressionada e emocionada fiquei, como se já nos conhecêssemos.

O choro me entalava e lágrimas grossas, quentes escorreram sobre meu rosto. Tomaz falava e eu chorava... O tempo parecia ter parado ali naquela conversa. Uma hora e meia depois, pedi desculpas, mas precisava seguir.

Havia saído cedinho de Rabanal del Camino, tinha percorrido 10 km e ainda faltavam 15 km até Molinaseca, em descida muito íngreme, que me obrigaria a caminhar com muita atenção. Nuvens negras anunciavam tormenta para o final daquela tarde.

Tomaz insistiu que pernoitasse em Manjarin. Mas eu não conseguiria ficar ali, meu corpo pedia movimento, precisava sair, andar, respirar. Então, a voz mansa dele disse:

- Você deveria ir ao Vale do Silêncio.

- Por quê? - perguntei.

- Vai viver lá uma grande experiência. O Vale não fica no Caminho, terá que sair dele antes de entrar em Ponferrada. O lugar chama-se Peñalba de Santiago. Você deve ir!

Desenhou no meu mapa o caminho para o Vale. Vesti minha mochila e, ao virar para sair, levei um susto:

Tomaz e mais três homens estavam segurando estandartes cruzados, cada um com uma bandeira branca com a cruz templária, em atitude solene no caminho de saída do albergue.

Teria que esperar aquele ritual terminar, passar por ali e chegar ate a porteira? Tomaz me olhava fixamente. Eu não sabia como agir. Olhei para ele, que fez sinal com a cabeça, me mandando passar sob os estandartes. Interroguei com gestos de dúvida!

Tomaz
de Manjarin

Novamente, fez o mesmo sinal e disse baixinho:

- Isto é para VOCÊ!

Lágrimas brotaram novamente... Me senti honrada, passei lentamente, percebendo o mágico silêncio daquela linda homenagem. Quando alcancei a porteira, Tomaz disse: Este cavaleiro templário chama-se Ramon e vai te acompanhar por quinhentos metros. Você não pode olhar para trás. Tenho completa certeza de que você voltará aqui. Buen Camino!

Fiz o gesto de Namastê e saí lentamente.

Caminhamos em silêncio; seu corpo parecia estar encostado na mochila à minhas costas, respirava forte.

Ele carregava um estandarte que batia no chão, acompanhando nossas passadas firmes e serenas. Me pareceu um longo tempo para cobrir aquela distância. Subitamente, disse meu guardião:

- Segue, peregrina, seu corpo é forte. Você voltará!

Bateu firme três vezes no chão, enquanto eu segui caminhando a passos lentos, envolvida em emoção e silêncio. Muitas coisa para processar...

A descida do Monte Irago, no vale de El Bierzo, é longa e dura para joelhos e pés. Sentia vontade de gritar. Desci pelos barrancos, caminhando mais rápido e com pensamentos velozes. Nuvens no céu estavam agora mais escuras do que nunca!

Exatamente quando entrei no povoado de El Acebo, caiu o temporal: forte, intenso e poderoso, como havia sido aquele meu dia

TOMAZ DE MANJARIN

Antes de embarcar a España por primera vez en el Camino, cené con Christina Oiticica y Paulo Coelho, que me dijo: "No dejes de visitar a las personas que son iconos en el Camino: Jesús Jato, Tomaz de Manjarin, Pablito y muchos otros que "Usted descubrirá caminando..."

Manjarin se encuentra a 1400m de altitud, dos kilómetros después de la emblemática Cruz de Hierro, donde me emocioné mucho al hacer una oración para mis hijos, al ver un papel donde estaba escrito bien legible: Rodolfo! Temprano aprendí que son muy frecuentes los recados del universo que los peregrinos reciben diariamente.

Estaba segura de que sería un lugar especial, y encontraría también una persona muy especial. Me llamó la atención el tótem con flechas indicando la distancia, en kilómetros, de allí para muchos otros caminos - Roma, Jerusalén, Brasil y Santiago, entre otros más.

Abrí la portera y, al fondo de la entrada, vi a un hombre de barba gris y rala, que empezó a tocar una campana. ¡Me encantan las campanas! Le pregunté por Tomaz:

- Soy yo. ¡Te estaba esperando!

- Debe ser un engaño. No avisé a nadie que vendría hoy aquí.

Sonrió acogedor y respondió:

- ¡Pero yo sabía...!

Me llevó hasta un rústico balcón cubierto, donde había café, objetos a la venta, y peregrinos hablando. Tomaz me invitó a sentarme con él en el jardín, donde patos, gansos y gallinas desfilaban ruidosos. ¡Había flores, muchas flores en aquel jardín!

Tomás quiso saber por qué yo estaba en el Camino, cual la impresión que tenía hasta este momento, preguntó por experiencias sorprendentes, si me gustaba la comida peregrina, si estaba con heridas

...en seguida, comenzó a hablar de mi vida: personas, hijos, mis bodas. A cada frase, más impresionada y emocionada me quedaba, como si ya nos conociéramos.

El llanto me ahogaba y lágrimas gruesas, calientes se deslizaron sobre mi rosto. El tiempo parecía haberse detenido allí en aquella conversación. Una hora y media después, le pedí disculpas, pero necesitaba seguir.

Había salido temprano de Rabanal del Camino, había recorrido 10 km y aún faltaban 15 km hasta Molinaseca, en descenso muy empinado, que me obligaría a caminar con mucha atención. Nubes negras anunciaban tormenta para el final de aquella tarde.

Tomaz insistió que pasara la noche en Manjarin. Pero yo no conseguiría quedarme allí, mi cuerpo pedía movimiento, necesitaba salir, andar, respirar. Entonces la voz mansa de él me dijo:
- Usted debería ir al Valle del Silencio.
- ¿Por qué? - pregunté.
- Vas a vivir allá una gran experiencia. El Valle no se encuentra en el Camino, tendrás que salir de él antes de entrar en Ponferrada. El lugar se llama Peñalba de Santiago. ¡Usted debe ir!

Dibujo en mi mapa el camino hacia el Valle. Me puse mi mochila y, al girar para salir, me llevé un susto: Tomás y otros tres hombres estaban sosteniendo estandartes cruzados, cada uno con una bandera blanca con la cruz templaría, en actitud solemne en el camino de salida del albergue.

¿Tendría que esperar terminar ese ritual, pasar por allí y llegar hasta la puerta? Tomás me miraba fijamente. Yo no sabía cómo actuar. Miré hacia él, que hizo un señal con la cabeza, mandándome pasar bajo los estandartes. ¡Le interrogue con gestos de duda!

De nuevo, hizo el mismo gesto y dijo bajito:
- ¡Esto es para USTED!

Las lágrimas brotaron de nuevo... Me sentí honrada, pasé lentamente, percibiendo el mágico silencio de aquel hermoso homenaje. Cuando alcancé la puerta, Tomás dijo:
- Este caballero templario se llama Ramón y te acompañará por quinientos metros. Usted no puede mirar para atrás. Estoy completamente seguro de que volverá aquí. ¡Buen Camino!

Hice el gesto de Namaste y salí lentamente.

Caminamos en silencio; su cuerpo parecía estar apoyado en la mochila en mi espalda, respiraba fuerte. Él cargaba un estandarte que golpeaba al suelo, acompañando nuestras pasadas firmes y serenas.

Me pareció un largo tiempo para cubrir esa distancia. De repente, dijo mi guardián:
- Sigue, peregrina, tu cuerpo es fuerte. ¡Usted volverá!

Golpeó firme tres veces en el suelo, mientras yo seguía caminando a pasos lentos, envuelta en emoción y silencio. Muchas cosas para procesar...

El descenso del Monte Irago, en el valle de El Bierzo, es largo y duro para rodillas y pies. Sentía ganas de gritar. Bajando por los barrancos, caminando más rápido y con pensamientos veloces. ¡Nubes en el cielo estaban ahora más oscuras que nunca!

Exactamente cuando entré en el pueblo de El Acebo, cayó la tormenta: fuerte, intenso y poderoso, como había sido aquel día.

Almoco com Tomaz de Manjarin -2016
Almuerzo con Tomaz de Manjarin – 2016

MENIRES ROMANOS - CIRAUQUI

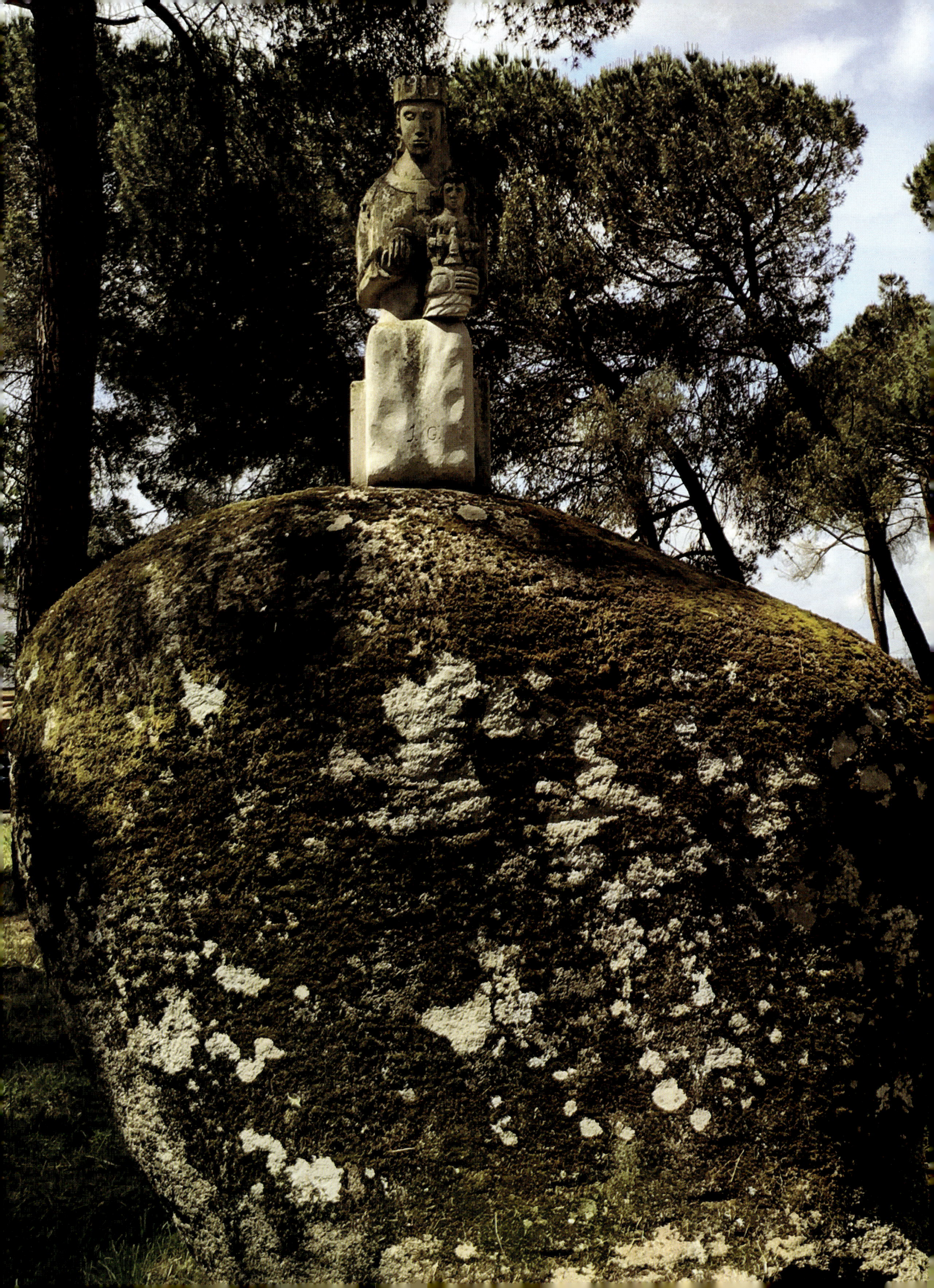

TEMPESTADE

A intensa tormenta em El Acebo, logo após as fortíssimas experiências com Tomaz e Ramon em Manjarin, me ensinou rapidamente que forças da natureza precisam ser respeitadas. Sempre. Nuvens muito escuras na descida para o povoado sinalizavam que não deveria continuar a caminhada nesse dia.

Aquela força da água, o poderoso som que fazia batendo nos telhados envelhecidos pelos anos, me fizeram pensar no quanto podemos sempre ser surpreendidos pelo inesperado.

Algumas vezes a gente chora... Não porque somos fracos, mas porque passamos muito tempo sendo fortes!

Anônimo

TORMENTA

La intensa tormenta en El Acebo, justo después de las fuertísimas experiencias con Tomaz y Ramón en Manjarin, me enseñó rápidamente qué fuerzas de la naturaleza deben ser respetadas. Siempre. Nubes muy oscuras en el descenso hacia el pueblo señalaban que no debía continuar la caminata de ese día.

Aquella fuerza del agua, el poderoso sonido que hacía golpeando los tejados envejecidos por los años, me hicieron pensar en cuánto siempre podemos sorprendernos por lo inesperado.

Algumas vezes a gente chora... Não porque somos fracos, mas porque passamos muito tempo sendo fortes!

Anônimo

800 700 600 500 400 300 200 100 0
MOBBA
BADALONA (ESPAÑA)
PATENTADA
Nº

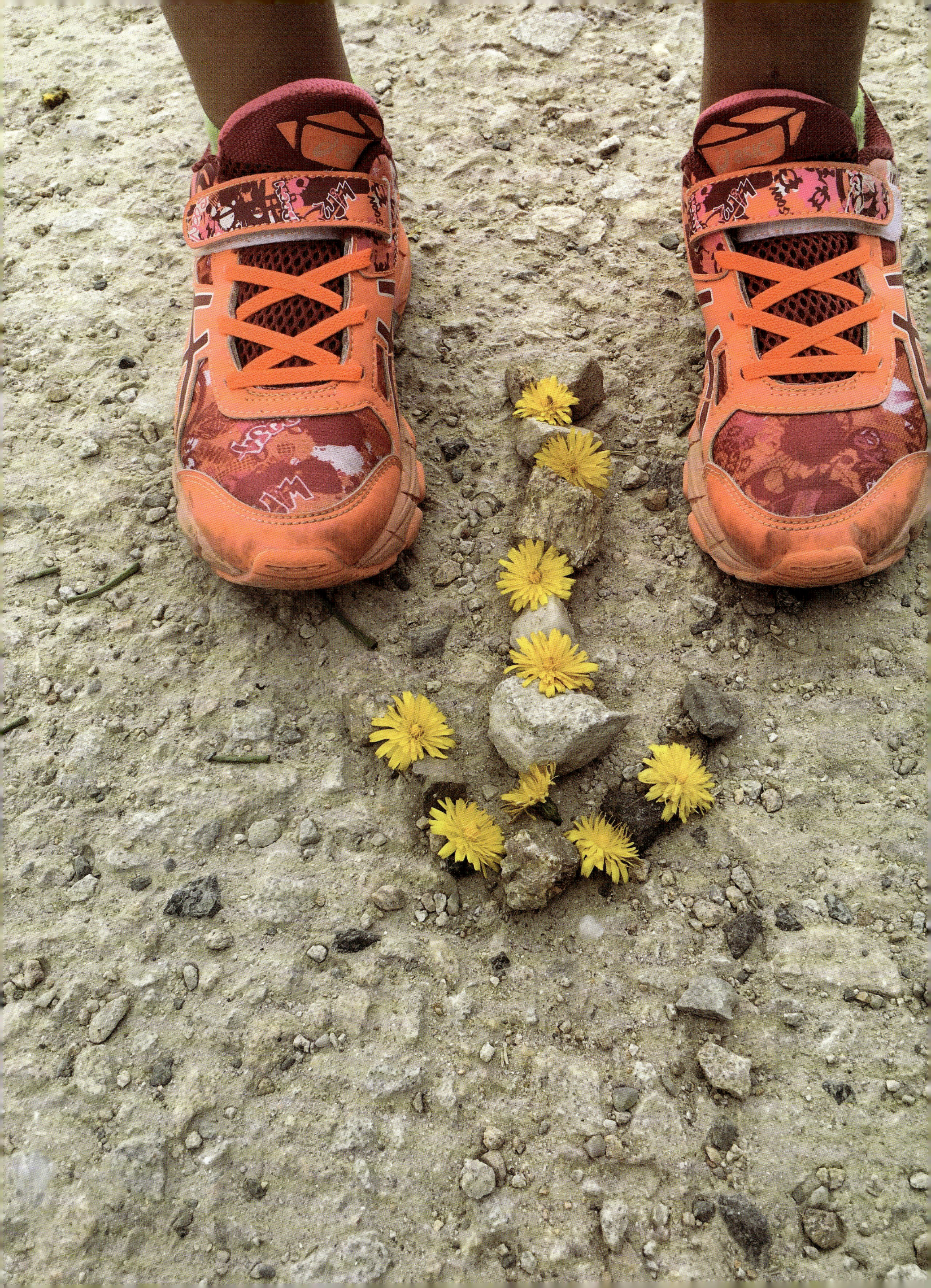

La llave de la ESENCIA es la PRESENCIA

HOSPITAL del ALMA

Ermita del Peregrino Pasante
Marcelino Lobato Castrillo

PEREGRINA
cerveza premium

Vale

do silê

Na Espanha, quando o dia 13 de qualquer mês coincide com uma terça-feira, é igual às sextas-feiras 13 do Brasil: boa ou má sorte...

13 de julho, terça, acordei forte, cheia de energia, ainda impactada pela experiência que tivera na véspera, em Manjarin. Antes de entrar em Ponferrada, subi a montanha até Peñalba de Santiago. Lá fica o Vale do Silêncio".

O dia me sorria... O forte verão espanhol não diminuía meu entusiasmo. Seriam 20 km de subida... fácil pra mim, depois de 22 dias já caminhando, sem bolhas, dores ou cansaço.

Cheguei a Peñalba de Santiago às 16h, com sol a pino! Belíssimo povoado, onde todas as casas são construídas com pedras daquela região. Poucas pessoas vivem por lá. Silêncio absoluto. Rapidamente, se percebe a razão do nome daquele lugar: Vale do Silêncio – nem passarinho canta ali... Apenas se ouve o cantar suave do vento de final de tarde, a 1100 metros de altitude. Este povoado remonta ao século X.

Naquele vale viveu um senhor com muitos conhecimentos medicinais, que acolhia pessoas doentes na gruta em que se abrigava. Chamava-se San Gerardio. Viveu ali entre 920 a 936, há mais de 1.000 anos!

Avistei uma pequena igreja. Estava lá um sorridente rapaz, encarregado de receber quem chegava para ouvir a história daquele lugar. Carimbei minha credencial e lhe disse que queria chegar até a gruta onde viveu o Santo homem.

- Tem certeza, peregrina? – perguntou surpreso.

Tenho, volto pra dormir no povoado.

- Não poderá dormir aqui. Não há albergues e ninguém por aqui acolhe peregrinos. Terá que dormir na gruta – afirmou o rapaz.

Comecei então a perceber parte do que Tomaz dissera sobre viver lá uma experiência... Não conseguiria escapar do desafio.

- Por favor, me ensine a chegar lá! – pedi ao jovem.

Subimos a pequena torre da igreja e o rapaz apontou para o imenso vale que se descortinava à nossa frente.

- Estás mirando la grande arbol amarilla? La cueva es haja!

A tal grande árvore despontava altiva, imponente, muito longe do nosso ponto de observação. Entre surpreso e encantado, o rapaz deu as diretrizes:

- Desça até o rio e cruze pela pequena ponte, etc, etc... e meu guia foi me dando mais indicações.

Passei pelo único bar do povoado, comprei alguma coisa para um pequeno lanche mais tarde e segui, atenta às informações. Acostumada que estava a seguir as setas amarelas do Caminho, logo descobri que lá não havia nenhuma seta!

En España, cuando el día 13 de cualquier mes coincide con un martes, es igual al viernes 13 de Brasil: buena o mala suerte...

13 de julio, martes, me desperté fuerte, llena de energía, aún impactada por la experiencia que había tenido en la víspera, en Manjarin. Antes de entrar en Ponferrada, subí la montaña hasta Peñalba de Santiago. Allí queda el "Valle del Silencio".

El día me sonreía... El fuerte verano español no disminuía mi entusiasmo. Serían 20 km de subida... fácil para mí, después de 22 días ya caminando, sin ampollas, dolores o cansancio.

¡Llegué a Peñalba de Santiago a las 16h, con pleno sol! Hermoso pueblo, donde todas las casas son construidas con piedras de aquella región. Pocas personas viven por allí. Silencio absoluto. Rápidamente, se nota la razón del nombre de aquel lugar: Valle del Silencio - ni pajarito canta allí... Sólo se oye el canto suave del viento de final de tarde, a 1.100 metros de altitud. Este pueblo se remonta al siglo X.

En aquel valle vivió un señor con muchos conocimientos medicinales, que acogía a personas enfermas en la cueva en que se albergaba. Se llamaba San Genardio. Vivió allí entre 920 a 936, ¡hace más de 1.000 años!

Avisté una pequeña iglesia. Estaba allí un sonriente muchacho, encargado de recibir a quien llegaba para oír la historia de aquel lugar. Sellé mi credencial y le dije que quería llegar hasta la cueva donde vivió el Santo hombre.

- ¿Estás segura, peregrina? - preguntó sorprendido.

Tengo, vuelvo a dormir en el pueblo.

- No podrá dormir aquí. No hay albergues y nadie por aquí acoge a peregrinos. Tendrá que dormir en la gruta ", afirmó el chico.

Comencé entonces a percibir parte de lo que Tomás había dicho sobre vivir allí una experiencia... No podría escapar del desafío.

- ¡Por favor, enséñame a llegar allá! - le pedí al joven.

Subimos la pequeña torre de la iglesia y el muchacho apuntó al inmenso valle que se descortinaba ante nosotros.

- ¿Estás mirando el gran árbol amarillo? ¡La cueva es allá!

Ese gran árbol surgía altivo, imponente, muy lejos de nuestro punto de observación. Entre sorprendido y encantado, el chico dio las instrucciones:

- Baje hasta el río y cruce por el pequeño puente, etc., etc... Y mi guía me fue dando más indicaciones.

Pasé por el único bar del pueblo, compré algo para una pequeña merienda más tarde y seguí, atenta a la información. Estaba acostumbrada a seguir las flechas amarillas del Camino, ¡y pronto descubrí que allí

del silenci

Vale do Silêncio

Caminhei muito, descendo e depois do rio, comecei a subir. Calor intenso, muitos insetos que me obrigavam a caminhar de boca fechada, vegetação alta que não permitia ver onde havia pisado, ao olhar pra trás.

Que ideia mais maluca me meter neste mato só porque Tomaz sugeriu!

Fazia enorme esforço físico e emocional para entender onde estava e por onde devia seguir. Senti medo, dúvida, aflição e raiva... tudo junto! Lembrei do conselho de um amigo do Brasil que sugeriu fazer um exercício de exaustão no Caminho: "quando estiver muito cansada, continue a caminhar por mais alguns quilômetros... ao parar, preste atenção a tudo à sua volta e pegue uma pequena pedra neste local. Esta será a sua pedra de força e de sorte."

Me senti perdida e resolvi voltar ao povoado. Quando cheguei, a igreja estava sendo fechada pelo mesmo rapaz. Ele se assustou quando me viu: "peregrina, estás ferida!". Minhas pernas estavam arranhadas por urtigas e espinhos dos arbustos. Nada grave, estava mesmo muito sujinha! Lavei braços e pernas na fonte do povoado. Decidi que não desistiria da gruta. Escutei novas instruções e recomecei a caminhar.

Já eram 21h, dia claro no verão espanhol quando, depois de uma curva em subida na trilha, encontrei a gruta. Só silêncio... exausta e agradecida, recebi como troféu a paisagem magnífica do Vale do Silêncio. Entrei.

O chão era de terra batida, mais ou menos 80 metros quadrados, e as paredes no lado esquerdo da entrada estavam queimadas, mostrando que ali se fizera fogo, provavelmente para cozinhar. Ao fundo, um altar em uma grande mesa com toalha branca, onde estava bordado o nome do santo. Muitos crucifixos de madeira e bilhetes com pedidos e agradecimentos.

A temperatura começava a baixar rapidamente. Não havia nenhuma luz lá dentro e percebi que não tinha nem vela nem isqueiro, e minha lanterna estava com as pilhas fracas. Precisava me preparar logo para a noite que chegava. Escrevi em meu diário para aproveitar as sensações que sentia, enquanto os últimos raios de sol daquele longo dia me olhavam lá do cume das altas montanhas do vale... Logo, logo seria noite ali. Comi rápido e coloquei o saco de dormir e a mochila bem perto da mesa do altar: queria ficar de frente para a entrada da gruta. Quando escurecer não vou poder me mexer!

O frio chegou. Foi preciso vestir tudo que havia dentro da mochila. Senti medo! Pensei se alguém do povoado teria me visto subir e poderia vir me perturbar durante a noite... Minha cabeça estava mesmo acelerada e querendo me atrapalhar! Será que há lobos? Cobras? Algum maluco por perto? Percebi então que havia pedaços de madeira no canto da gruta; arrastei algumas tábuas para a entrada. Se alguma coisa passasse por ali eu ouviria, pois tenho sono muito leve. Dei ordem a mim mesma: nada de pânico! Não há como sair daqui a esta hora... só quando amanhecer. Melhor sentar para meditar para acalmar a mente!

Meu corpo tinha os sinais da aventura daquele longo dia: muito suor, roupa suja, cabelos endurecidos pelo vento e poeira... isso não importava! Precisava me concentrar para passar aquela noite sozinha na gruta, naquele frio, naquele vale, naquele desafio! Deitei de frente para a entrada, cabeça bem perto do altar. Sentei... deitei... sentei novamente. Fazia frio. Minha cabeça continuava me atrapalhando! Focando na respiração e tentando não pensar, fiquei imóvel... Consegui!!!!

Vale do silé

no había ninguna flecha!

Caminé mucho, bajando y después del río, empecé a subir. Calor intenso, muchos insectos que me obligaban a caminar de boca cerrada, vegetación alta que no permitía ver dónde había pisado, al mirar hacia atrás.

¡Qué idea más loca meterme en esta floresta sólo porque Tomaz sugirió!

Hacía un enorme esfuerzo físico y emocional para entender dónde estaba y por donde debía seguir.

¡Sentí miedo, duda, aflicción y rabia... todo junto! "Recuerdo el consejo de un amigo de Brasil que sugirió hacer un ejercicio de agotamiento en el Camino:" cuando esté muy cansada, continúe caminando por algunos kilómetros más... al parar, preste atención a todo a su alrededor y tome una pequeña piedra en este lugar. Esta será tu piedra de fuerza y de suerte.

Me sentí perdida y decidí volver al pueblo. Cuando llegué, la iglesia estaba siendo cerrada por el mismo chico. Él se asustó cuando me vio: "¡peregrina, estás herida!". Mis piernas estaban arañadas por ortigas y espinas de los arbustos. ¡Nada grave, estaba muy sucia! Me lavé los brazos y las piernas en la fuente del pueblo.

Decidí que no desistiría de la cueva. Escuché nuevas instrucciones y recomencé a caminar.

Ya eran las 21h, día claro en el verano español cuando, después de una curva en subida en el sendero, encontré la cueva. Sólo silencio... agotada y agradecida, recibí como trofeo el paisaje magnífico del Valle del Silencio. Entré.

El suelo era de tierra batida, más o menos de 80 metros cuadrados, y las paredes en el lado izquierdo de la entrada estaban quemadas, mostrando que allí se había hecho fuego, probablemente para cocinar. Al fondo, un altar en una gran mesa con mantel blanco, donde estaba bordado el nombre del santo. Muchos crucifijos de madera y notas con peticiones y gracias.

La temperatura empezaba a bajar rápidamente. No había luz allá adentro y me di cuenta de que no tenía ni vela ni mechero, y mi linterna estaba con las pilas débiles. Necesitaba prepararme pronto para la noche que llegaba. Escribí en mi diario para aprovechar las sensaciones que sentía, mientras que los últimos rayos de sol de aquel largo día me miraban desde la cumbre de las altas montañas del valle... Luego, pronto sería noche allí. Comí rápido y puse la bolsa de dormir y la mochila cerca de la mesa del altar: quería quedarme frente a la entrada de la gruta. ¡Cuando oscurezca no voy a poder moverme!

El frío llegó. Fue necesario vestir todo lo que tenía dentro de la mochila. ¡Sentí miedo! Pensé si alguien del pueblo me hubiera visto subir y podría venir a molestarme durante la noche... Mi cabeza aún estaba acelerada y queriendo perjudicarme. ¿Será que hay lobos? ¿Víboras? ¿Algún loco cerca? Entonces noté que había trozos de madera en el rincón de la gruta; arrastré algunas tablas a la entrada. Si algo pasara por allí yo iba a oír, porque tengo sueño muy liviano. Me ordené a mí misma: ¡nada de pánico! No hay como salir de aquí a esta hora... sólo cuando amanezca. ¡Mejor sentarse a meditar para calmar la mente!

Mi cuerpo tenía las señales de la aventura de aquel largo día: mucho sudor, la ropa sucia, los cabellos endurecidos por el viento y el polvo... ¡eso no importaba! ¡Necesitaba concentrarme para pasar aquella noche

Algum tempo depois, senti como se um balão de ar tivesse sido inflado embaixo de mim e me senti sair do chão, transformada em uma enorme águia branca do meu próprio tamanho. Voei para fora da gruta, voei pelo vale, encantada com a exuberante natureza; lá de cima, me via sentada meditando na caverna. Voei por muito tempo.

Depois entrei em sono profundo, sonhos intensos e muitas imagens da experiência do dia anterior.

Despertei com um ruído esquisito. Olhei para a porta, acendi minha lanterna... nada! Dormi e novamente despertei com o mesmo ruído. Apontei a lanterna para o lado direito... para a esquerda... tudo arrumadinho como eu deixara antes de pegar no sono. Não vi nada estranho, mas o ruído estava lá... Virei então a lanterna para o teto e... morcegos mil!!!!!! Parecia o teto de um filme de Hitchcock!!!!!!

Muito devagar, arrastei a mão pra dentro da mochila – como sempre embaixo das pernas para descansar durante a noite – e peguei a última peça de roupa que havia deixado lá... um short! Coloquei sobre meu rosto muito devagar, e fechei completamente o capuz do saco de dormir. Rezei com absoluta fé para a noite passar depressa e dormi novamente um sono profundo. Despertei com a luz do sol sobre o meu rosto, entrando por uma fenda na parede da gruta.

Apesar da enorme tensão, tive sono reparador. Agradeci pelo dia que amanhecia, arrumei a mochila e escrevi no diário a incrível experiência daquela noite. Ao sair da gruta, me virei para um último olhar àquele lugar onde sabia que jamais iria voltar e que me pareceu ser o maior desafio físico da minha vida. (visitei o Vale 11 anos depois com meu filho Jomar Junior)

Lembrei do exercício de exaustão para pegar uma pedrinha representando meu maior desafio no Caminho. Precisava ser pequenina... Fiquei parada e passei o olhar pelo chão: bem perto dos meus pés, uma pedra cinza chamou atenção. Só aparecia parte dela e puxei com o dedo, torcendo que fosse mesmo pequena. Era do tamanho que eu buscava! Limpei a poeira e observei bem aquela pedra da sorte... Fiquei emocionada... minha pedra tinha o formato de um coração alongado e, nela, o tempo desenhou uma figura que me pareceu ser um guerreiro. Se eu ainda tinha dúvidas sobre minha coragem, descobri ali que sou forte e corajosa. Sou guerreira.

Desci a montanha em direção ao povoado, avaliando mentalmente tudo que se passara comigo naquele vale, me sentindo grata e fortalecida. Continuei descendo a estrada em direção a Ponferrada para caminhar a Villa Franca del Bierzo. Cheguei ao albergue de Jesus Jato às 16h. Naquele dia caminhei 44 km!

Tomaz de Manjarin e Roman - 2001.
Tomaz de manjarin y Roman – 2001

del silencio

solita en la gruta, en aquel frío, en aquel valle, en aquel desafío! Me acosté de frente a la entrada, con la cabeza muy cerca del altar. Me senté... me acosté... me senté de nuevo. Hacía frío. ¡Mi cabeza me seguía molestando! Concentrada en la respiración y tratando de no pensar, me quedé inmóvil... ¡Lo logré!

Un tiempo después, sentí como si un globo de aire hubiera sido inflado debajo de mí y me sentía salir del suelo, transformada en una enorme águila blanca de mi propio tamaño. Volé para fuera de la gruta, volé por el valle, encantada con la exuberante naturaleza; de arriba, me veía sentada meditando en la cueva. Volé por mucho tiempo. Después entré en un sueño profundo, sueños intensos y muchas imágenes de la experiencia del día anterior.

Desperté con un ruido raro. Miré hacia la puerta, encendí mi linterna... ¡nada! Dormí y nuevamente desperté con el mismo ruido. Apunte la linterna hacia el lado derecho... a la izquierda... todo arreglado como yo lo había dejado antes de caer en el sueño. No vi nada extraño, pero el ruido estaba ahí... Entonces volqué la linterna al techo y... ¡murciélagos mil! ¡Parecía el techo de una película de Hitchcock!

Muy despacio, arrastré la mano dentro de la mochila - como siempre debajo de las piernas para descansar durante la noche - y cogí la última pieza de ropa que había dejado allí... un short! Me puse sobre mi cara muy despacio, y cerré completamente la capucha del saco de dormir. Rezaba con absoluta fe para que la noche pasara rápidamente y dormí de nuevo un sueño profundo. Desperté con la luz del sol sobre mi cara, entrando por una grieta en la pared de la gruta.

A pesar de la enorme tensión, tuve un sueño reparador. Agradezco por el día que amaneció, arreglé la mochila y escribí en el diario la increíble experiencia de aquella noche. Al salir de la gruta, me volví a una última mirada a aquel lugar donde sabía que jamás volvería y que me pareció ser el mayor desafío físico de mi vida. (Visité el Valle 11 años después con mi hijo Jomar Junior)

Me recordé del ejercicio de agotamiento para recoger una piedrita representando mi mayor desafío en el Camino. Necesitaba ser pequeñita...

Me quedé parada y pasé la mirada por el suelo: muy cerca de mis pies, una piedra gris llamó mi atención. Sólo aparecía parte de ella y tiré con el dedo, torciendo que fuera pequeña. ¡Era del tamaño que buscaba! Limpié el polvo y observé bien aquella piedra de la suerte... Me quedé emocionada... Mi piedra tenía el formato de un corazón alargado y, en ella, el tiempo dibujó una figura que me pareció ser un guerrero. Si yo todavía tenía dudas sobre mi coraje, descubrí allí que soy fuerte y valiente. Soy guerrera.

Bajando la montaña hacia el pueblo, evaluando mentalmente todo lo que había pasado conmigo en aquel valle, me sentía agradecida y fortalecida. Continué bajando la carretera hacia Ponferrada para caminar hacia Villa Franca del Bierzo. Llegué al albergue de Jesús Jato a las 16h. ¡En aquel día caminé 44 km!

Vale do Silencio em Peñalba de Santiago
Valle del silencio en Peñalba de Santiago.

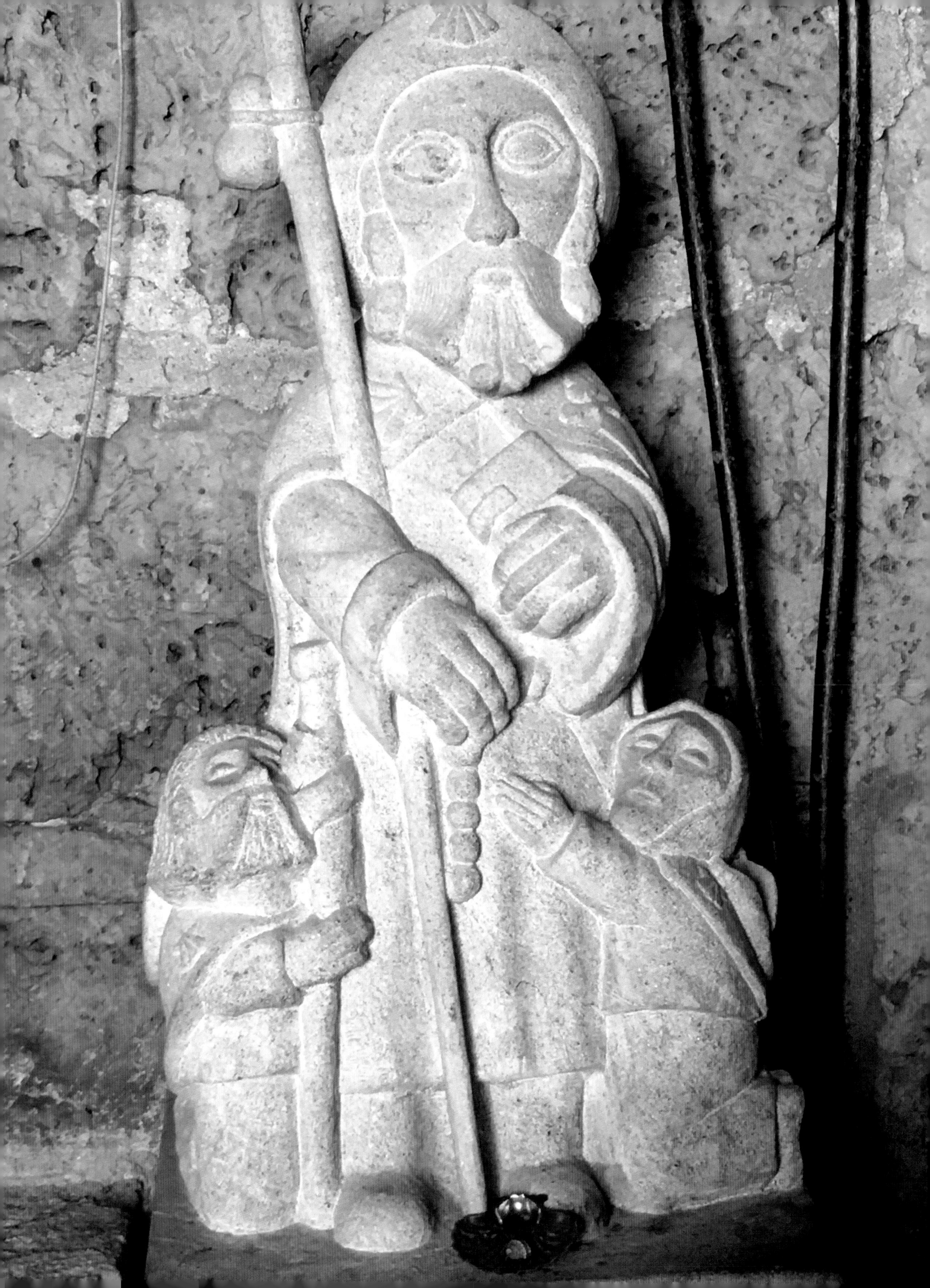

GUERREIRO NA ENTRADA DE SAHAGUN
GUERRERO EN LA ENTRADA DE SAHAGÚN

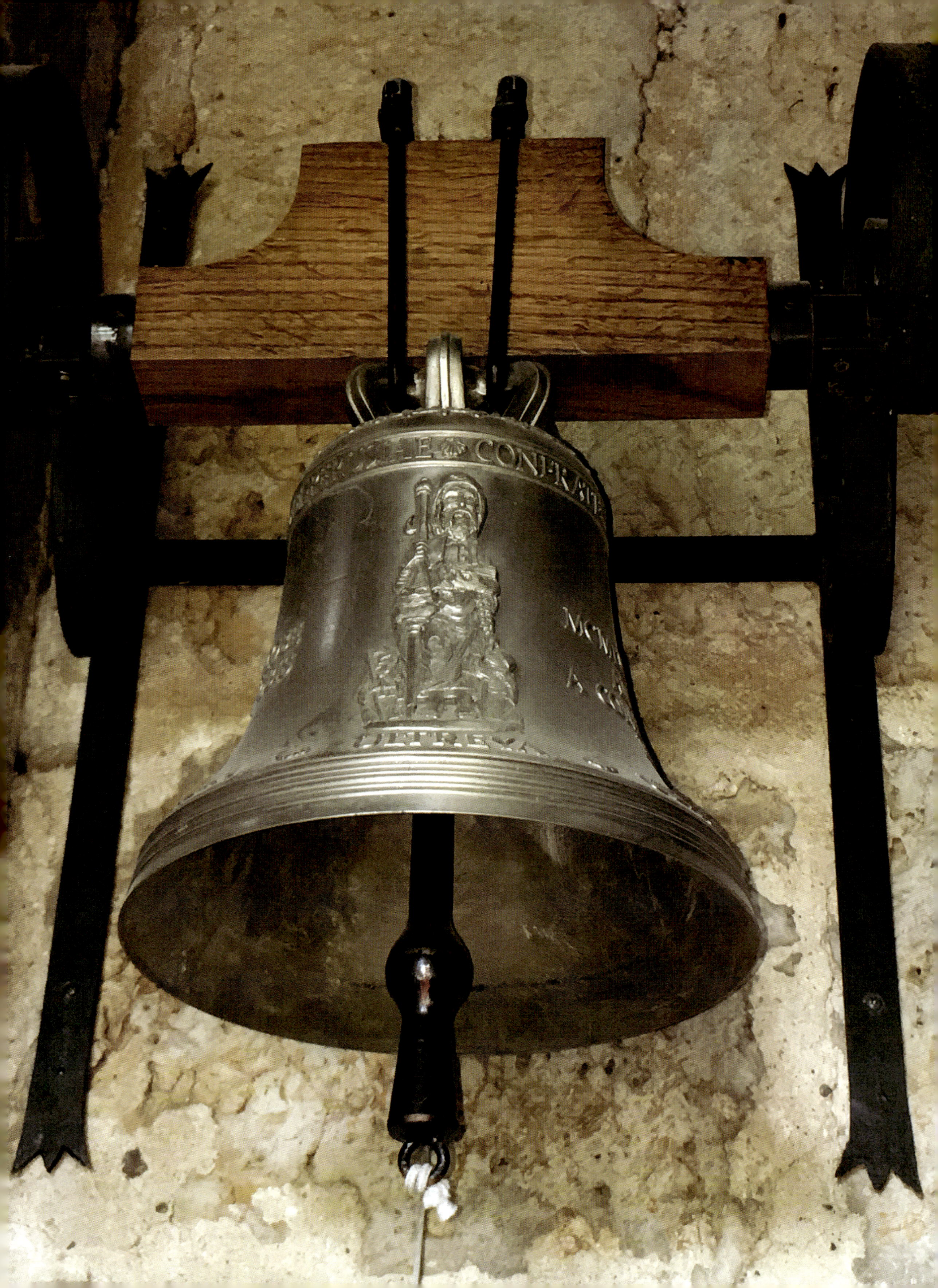

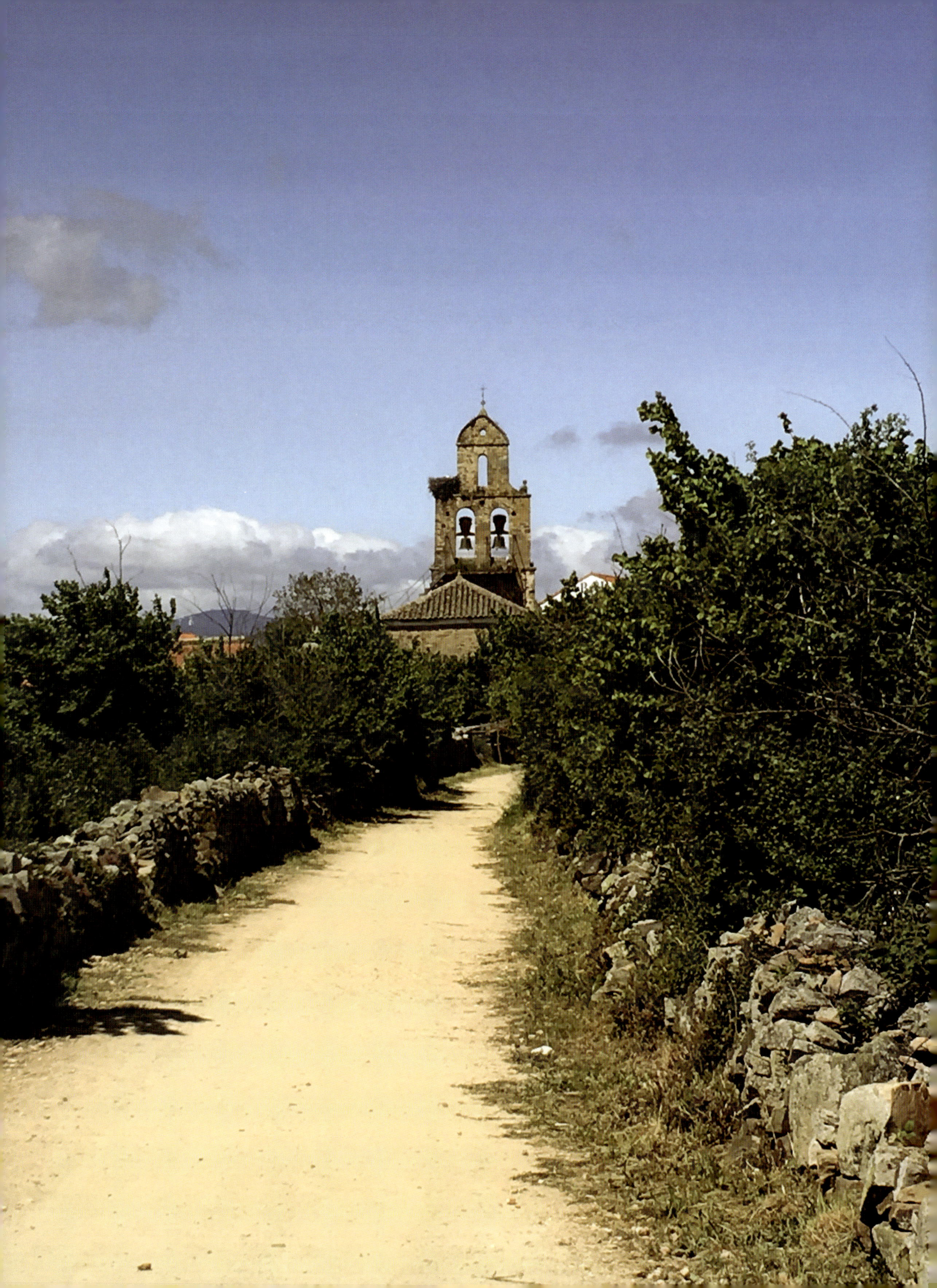

Por mais voltas que o mundo dê, um dia todos nós iremos nos encontrar em algum ponto. Um ponto pacífico, onde estaremos falando a mesma língua, bebendo o mesmo vinho, contando nossas histórias e rindo, um riso leve e sincero. Assim, estaremos prontos para percorrer juntos este longo caminho; em que simplesmente falamos de nossos dias, vendo o futuro com olhos livres.

Charles Chaplin

Por más vueltas que el mundo dé, algún día todo vamos a encontrarnos en algún punto. Un punto tranquilo, donde estaremos hablando el mismo idioma, tomando el mismo vino, contando nuestras historias y riendo. Una risa ligera y sincera. Así, estaremos listos para recorrer juntos este largo camino; En que simplemente hablaremos de nuestros días, viendo el futuro con los ojos libres.

Horizonte em Santa Colomba de Somoza
Horizonte en Santa Colomba de Somoza

EXPERENCIAR A LIBERDADE DE QUERER E REAIZAR É O GRANDE PASSO PARA O SEU VERDADEIRO CAMINHO.
Maria Alice

EXPERIMENTAR LA LIBERTAD DE QUERER Y REALIZAR ES EL GRAN PASO PARA TU VERDADERO CAMINO.

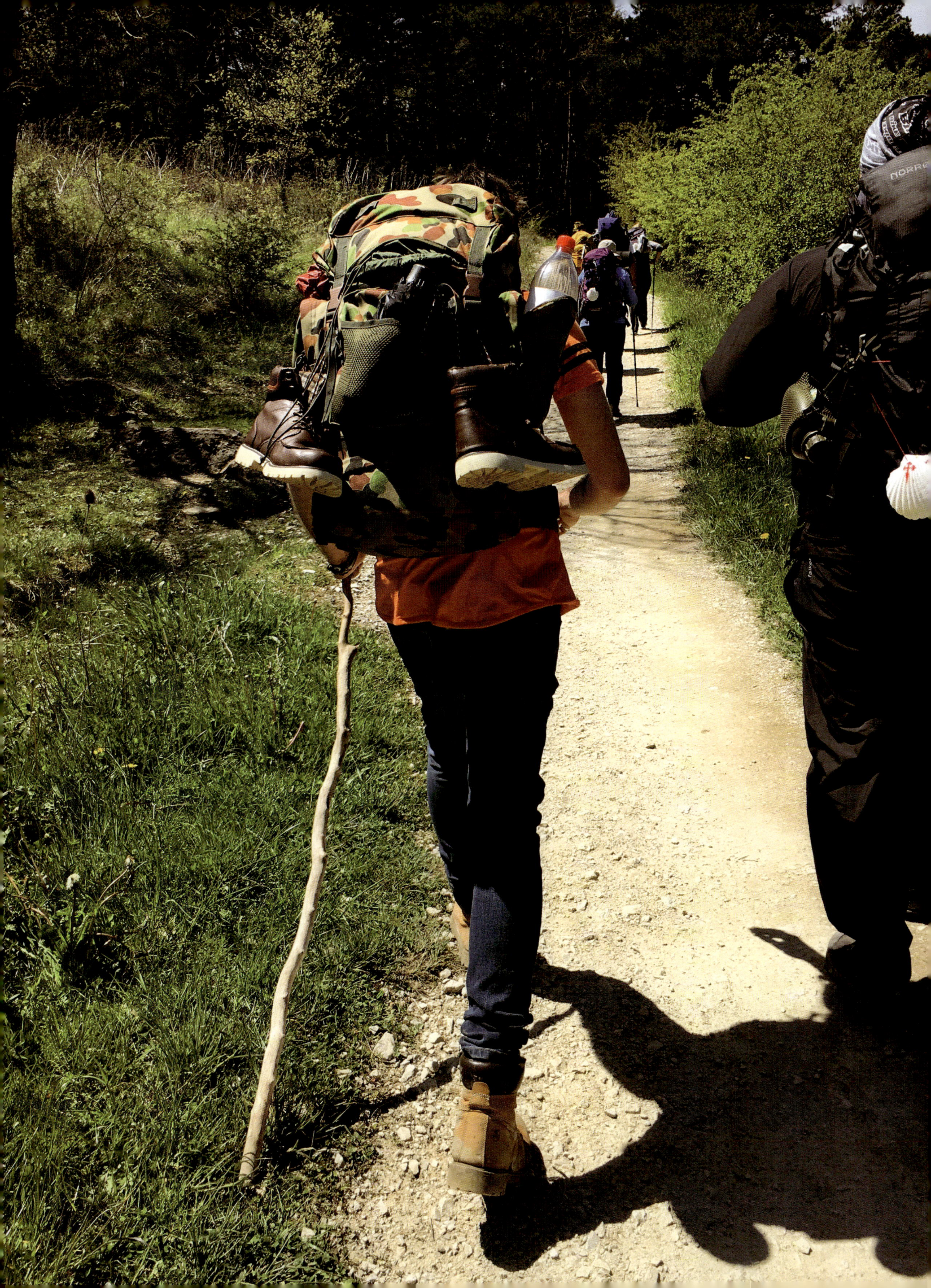

PALHOÇA EM FONCEBADON *CHOZA EN FONCEBADON*

VESTE USADA POR HOSPITALEIROS EM CERIMONIA DA LAVAGEM DOS PE'S DOS PEREGRINOS QUE FICAM NO ALBERGUE DE SAN NICOLAS DE PUENTE FITERO.

ESCLAVINA USADA POR HOSPILALEROS EN CERIMONIA DEL LAVADO DE PIES A LOS PEREGRINOS QUE SE ALOJAN EN EL ALBERGE DE SAN NICOLÁS DE PUENTE FITERO.

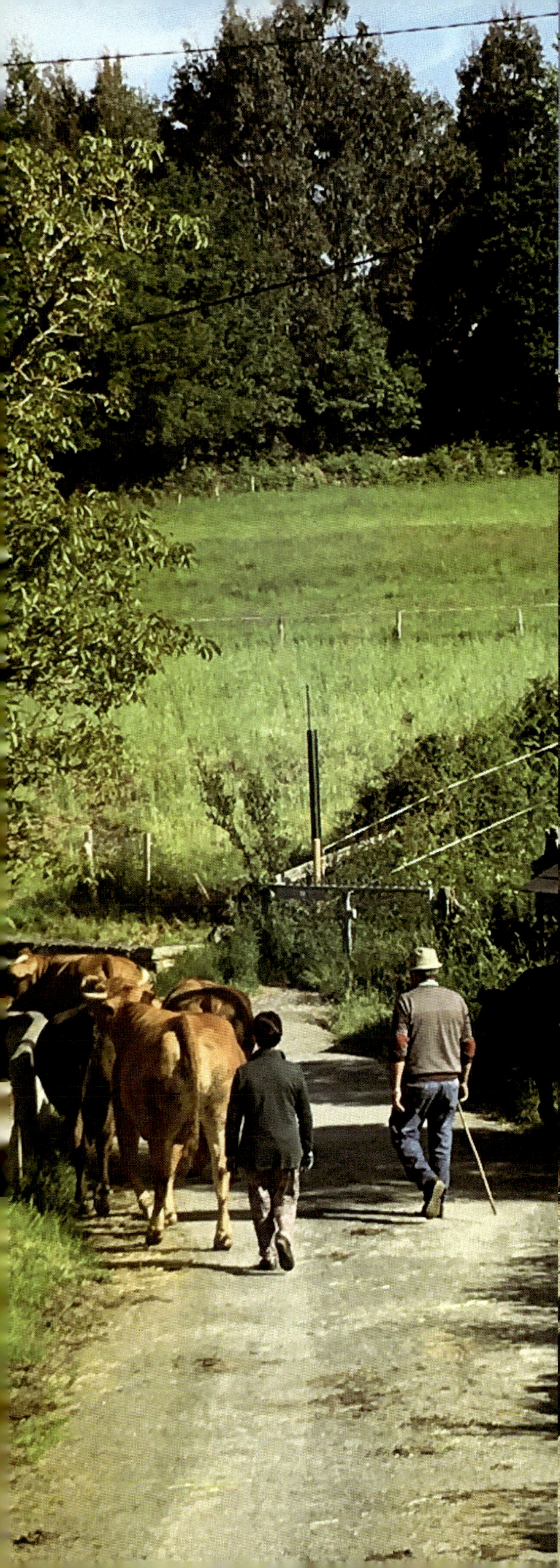

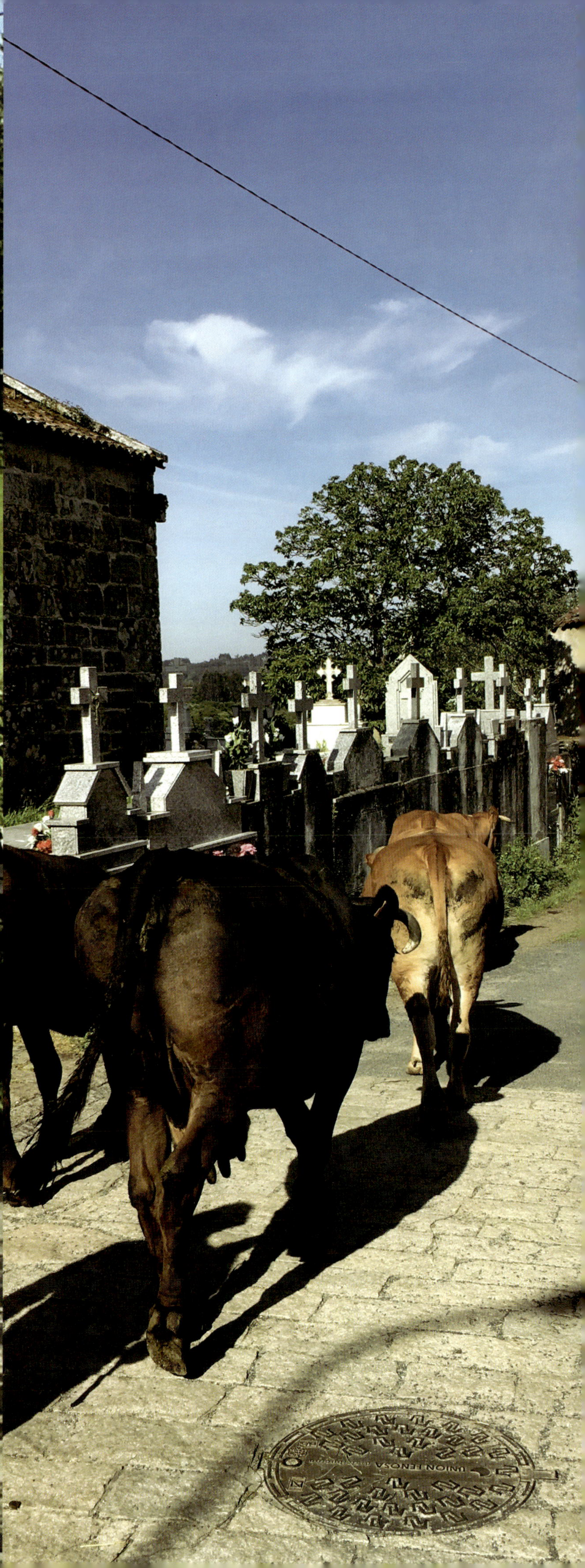

A MENTE REPETITIVA
PARECE UM GRAVADOR
QUE VOCÊ ESQUECEU
DE DESLIGAR.

Maria Alice

LA MENTE REPETITIVA
PARECE UN GRABADOR
QUE TE OLVIDASTES
DE DESCONECTAR.

Ave Phenix

é como se chama um refúgio em Villafranca del Bierzo, criado por Jesus Jato. Existe a Igreja de Santiago, que também abre a "Porta do Perdão" nos Anos Santos - assim chamados quando coincide em um domingo o dia 25 de julho – Dia de Santiago. Nesses Anos Santos, o mundo e a Espanha se deslocam a Santiago para passar na Porta do Perdão e receber indulgência.

Villafranca del Bierzo fica no fundo do vale do Rio Valcarce, linda e rústica, com muitas histórias. Peregrinos medievais, nos séculos XII e XIII, a chamavam de Pequena Compostela porque aqueles que não conseguiam continuar o Caminho até Santiago, por estarem muito doentes ou machucados, também podiam receber a indulgência na Porta do Perdão desta cidade.

No século XI, ali se estabeleceram monges beneditinos, que ajudavam os peregrinos que passavam, mas cobravam pedágio – vindo daí o nome original da cidade, Villa de Francos. A maior construção local é o Castillo, Palácio de los Marqueses, dos séculos XI e XVII, onde se fazia a tal cobrança. Durante a Idade Média, ali havia quatro igrejas, seis monastérios e vários hospitais ou refúgios para peregrinos.

Jesus Jato nasceu no Caminho: sua avó morava na casa ao lado do albergue. Peregrinos passavam e sua avó ajudava. Foi seminarista franciscano e, como caminhoneiro, rodou toda a Europa; mas largou tudo, escolheu servir ao Caminho e abriu seu refúgio, já há 27 anos.

Jesus acolhe a todos alegremente... Só acolhe zangado aos peregrinos que chegam de táxi!!! Oferece oitenta camas e tem quarto para roncadores! Sua sala de jantar tem mesas comunitárias; as refeições ele mesmo prepara e serve. Dois ou três voluntários ajudam na manutenção. Adora brasileiros e já esteve várias vezes no Brasil. Homem do campo, mãos calejadas, com grande poder de cura, e usa esse dom para ajudar os peregrinos com terapias naturais, reiki, plantas e chás. A produção da sua horta é usada nas saladas.

A mim recebe sempre com sorriso largo e longo abraço, perguntando pelos amigos brasileiros e falando da saudade que sente do Brasil. Na minha última visita, me fez uma linda surpresa: chamou Tomaz de Manjarin, que passava dias em Villafranca, para jantar conosco. Tomaz entrou na sala devagarinho, atento como sempre e, quando me viu, abriu seu grande sorriso, me abraçou e disse: "pensei que não conseguiria te abraçar de novo nesta vida!". Já não nos encontrávamos havia vários anos.

Depois da ceia, quase sempre, Jesus faz a queimada, dependendo do seu humor e do ambiente peregrino. Ritual antigo na Galícia e tradicional naquele albergue. Na queimada tem maçã, açúcar, aguardente e mel, além da sobra da queimada anterior, tudo misturado na presença dos peregrinos, organizados em círculo à volta da mesa.

Jesus faz orações singelas, enquanto mistura bem os ingredientes com uma grande concha de cobre; depois põe fogo na mistura e com gestos amplos, suspende a concha com o líquido, formando uma linda cascata flamejante, enquanto faz saudações aos peregrinos, presentes e ausentes. Em seguida, serve a mistura em pequenos copos a todos e tantos quanto estejam lá hospedados, passando um a um, esperando até que todos estejam servidos, pois devemos beber juntos. A bebida é adocicada, quente e ajuda a relaxar...

Ao terminar, Jesus guarda a sobra em vidro e explica que aquela será a base da próxima queimada, para que sempre tenha um pouco de cada peregrino que por lá passou ou passará, trazendo o significado de união, bênçãos e intensa energia a esta cerimônia.

ALBERGUE AVE FHENIX - JESUS RATO e TOMAZ DE MANJARIN – en Vila Franca del Bierzo - 2016.

Ave Phenix

es como se llama un refugio en Villafranca del Bierzo, creado por Jesús Jato. Existe la Iglesia de Santiago, que también abre la "Puerta del Perdón" en los Años Santos - así llamados cuando coincide en un domingo el 25 de julio - Día de Santiago. En estos años Santos, el mundo y España se trasladan a Santiago para pasar en la Puerta del Perdón y recibir indulgencia.

Villafranca del Bierzo se encuentra en el fondo del valle del río Valcarce, hermoso y rústico, con muchas historias. Peregrinos medievales, en los siglos XII y XIII, la llamaban Pequeña Compostela porque aquellos que no conseguían continuar el Camino hasta Santiago, por estar muy enfermos o heridos, también podían recibir la indulgencia en la Puerta del Perdón de esta ciudad.

En el siglo XI, allí se establecieron monjes benedictinos, que ayudaban a los peregrinos que pasaban, pero cobraban peaje - viniendo de allí el nombre original de la ciudad, Villa de Francos. La mayor construcción local es el Castillo, Palacio de los Marqueses, de los siglos XI y XVII, donde se hacía tal cobro. Durante la Edad Media, allí había cuatro iglesias, seis monasterios y varios hospitales o refugios para peregrinos.

Jesús Jato nació en el Camino: su abuela vivía en la casa al lado del albergue. Peregrinos pasaban y su abuela ayudaba. Fue seminarista franciscano y, como camionero, rodó toda Europa; pero lo dejó todo, eligió servir al Camino y abrió su refugio, desde hace 27 años.

Jesús acoge a todos alegremente... ¡Sólo acoge enojado a los peregrinos que llegan de taxi! ¡Ofrece ochenta camas y tiene dormitorio para roncadores! Su comedor tiene mesas comunitarias; las comidas él mismo las prepara y sirve. Dos o tres voluntarios ayudan en el mantenimiento. Le encanta los brasileños y ya ha estado varias veces en el Brasil. Hombre del campo, manos callosas, con gran poder de curación, usa ese don para ayudar a los peregrinos con terapias naturales, reiki, plantas y tés. La producción de su huerto es utilizada en las ensaladas.

A mí siempre me recibe con una sonrisa amplia y un prolongado abrazo, preguntando por los amigos brasileños y hablando de la nostalgia que siente de Brasil. En mi última visita, me hizo una hermosa sorpresa: llamó a Tomaz de Manjarin, que pasaba unos días en Villafranca, para cenar con nosotros. Tomás entró en la habitación despacio, atento como siempre y cuando me vio, abrió su gran sonrisa, me abrazó y dijo: ¡"pensé que no conseguiría abrazarte de nuevo en esta vida!". Ya no nos encontrábamos hace varios años.

Después de la cena, casi siempre, Jesús hace la quemada, dependiendo de su humor y del ambiente peregrino. Ritual antiguo en Galicia y tradicional en aquel albergue. En la quemada tiene manzana, azúcar, aguardiente y miel, además de la sobra de la quemada anterior, todo mezclado en presencia de los peregrinos, organizados en círculo alrededor de la mesa.

Jesús hace oraciones sencillas, mientras mezcla bien los ingredientes con una gran concha de cobre; después pone fuego en la mezcla y con gestos amplios, suspende la concha con el líquido, formando una hermosa cascada llameante, mientras hace saludos a los peregrinos, presentes y ausentes. A continuación, sirve la mezcla en pequeños vasos a todos y tantos como estén allí hospedados, pasando uno a uno, esperando hasta que todos estén servidos, pues debemos beber juntos. La bebida es dulce, caliente y ayuda a relajarse...

Al terminar, Jesús guarda la sobra en vidrio y explica que esa será la base de la próxima quemada, para que siempre tenga un poco de cada peregrino que por allá pasó o pasará, trayendo el significado de unión, bendiciones e intensa energía a esta ceremonia.

Albergue
SANTIAGO APOSTOL
LOGROÑO · LA RIOJA

BARCA

ALBERGUE
Albergue
HOSPITAL DE ORBIGO
San Miguel

1939-40

EXTINTOR
PROHIBIDO
COMER/EAT
FORBIDEN

KARL LEISNER

San Nicolás de Puentefitero
Hospital de Peregrinos

O CAMINHO
COMEÇOU EM MIM
10 ANOS ANTES
DE PISAR NELE PELA
PRIMEIRA VEZ

Maria Alice

EL CAMINO
COMENZÓ EN MÍ
10 AÑOS ANTES
QUE YO PISARA EN ÉL
POR LA PRIMERA VEZ

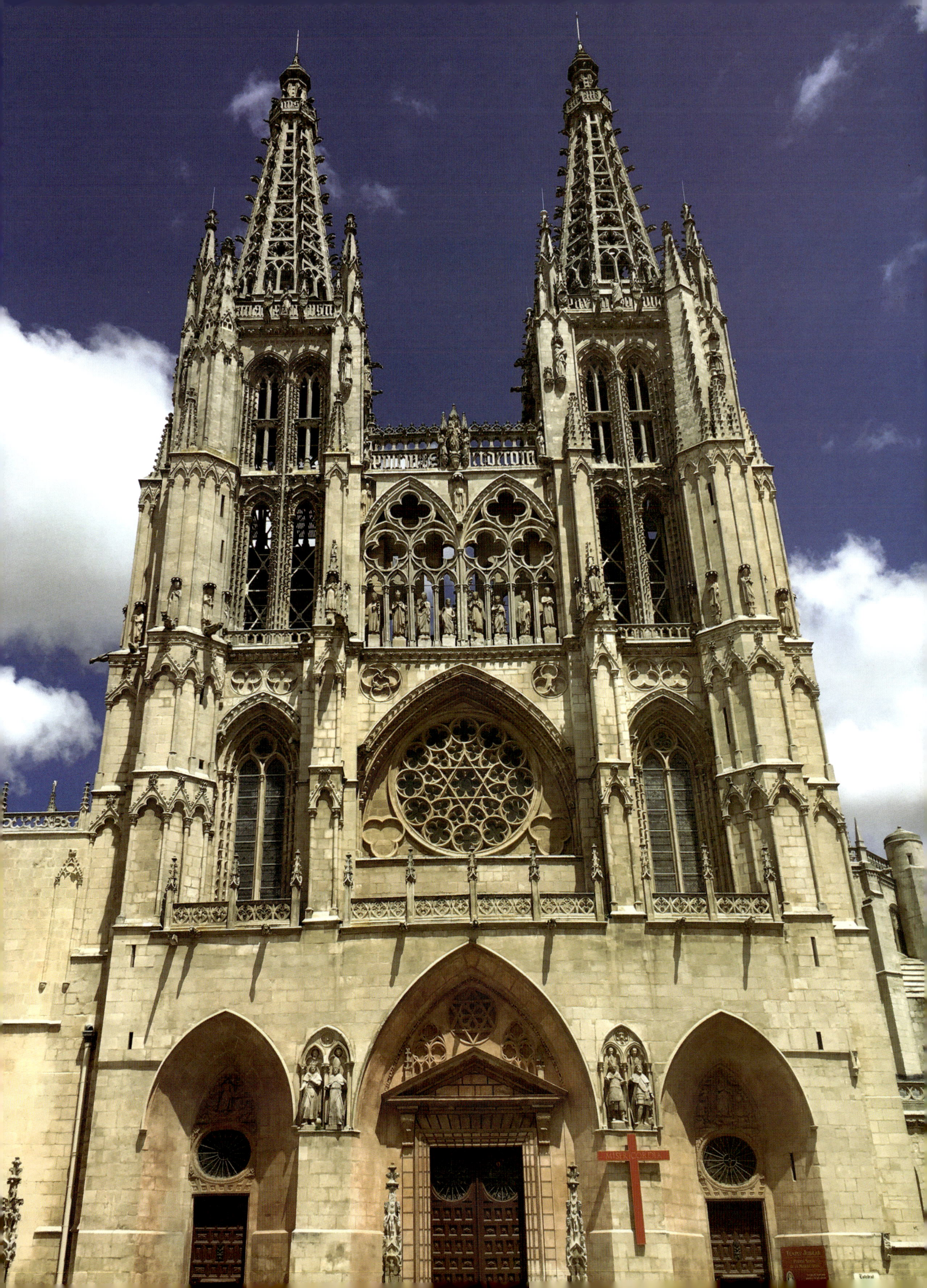

CUIDAD DE LOGROÑO

TE CVSTODEM VR
BIS STATVIT QVI
CVNCTA GVBERNAT

TVT BI COMMISSOS
POPVLVM TVTARE
PATRES QVE

D CHAROLO V MAX ROM
INP AVG GALL GER AFFRICA
NO Q REGI INVICTISS

FERNAN GONZALI FORTISS CIVIVE
LLORVM FVLGVRI ET FVLMINI

S P Q BVRG

CID RVI DIE FORTISS CIVIV MA
RVM PAVORI TERORI Q

NIORA SVRE CIVI SAPIENTISS
VITATIS CLIPEO

LAINO CALVO F
GLADIO GALEE

DIEGO PORCELLO CIV
PROECLARISS QVIRINO

FACHADA MEDIEVAL DA CIDADE DE BURGOS

**VAI TER UMA FESTA
QUE EU VOU DANÇAR
ATÉ O SAPATO PEDIR
PRA PARAR.
AÍ EU PARO, TIRO O
SAPATO, E DANÇO O
RESTO DA VIDA.**

Chacal

VA A TENER UNA FIESTA
EN QUE VOY A BAILAR
HASTA QUE EL ZAPATO
ME PIDA PARA PARAR.
AHÍ ME DETENGO, ME
SACO EL ZAPATO, Y
BAILO POR TODA LA VIDA.

TAXI LUIS MOLINASECA
671703070

Há muita beleza em perseverar, seguir, envelhecer renascendo, no palco e na vida. Enquanto der.
Continue caminhando mesmo que não haja lugar para chegar.
Não tente ver através das distâncias. Isso não é para seres humanos.
Mova-se para dentro de você, porém não se mova do jeito que o medo faz se mover...
Hoje, como em todos os outros dias (como em qualquer dia), acordamos vazios e amedrontados. Abra a porta ao estudo e comece a ler.
Pegue e toque um instrumento musical. Permita que a beleza que amamos seja e apareça em tudo o que fazemos.

Hay mucha belleza en perseverar, seguir, envejecer. Renaciendo, en el escenario y en la vida.
En cuanto sea posible Continúe caminando aunque no haya lugar para llegar.
No intente ver a través de las distancias. Esto no es para los seres humanos. Muévete en tu interior, pero no te muevas
De la manera que el miedo hace moverse...
Hoy, como en todos los otros días (como en cualquier día),
Despertamos vacíos y amedrentados.
Abre la puerta al estudio y comience a leer. Coja y toque un instrumento musical. Permite que la belleza que amamos seaY aparezca en todo lo que hacemos.

The Illuminated Rumi

Amigos do México - Adriana e Ricardo Cobian
Amigos de México

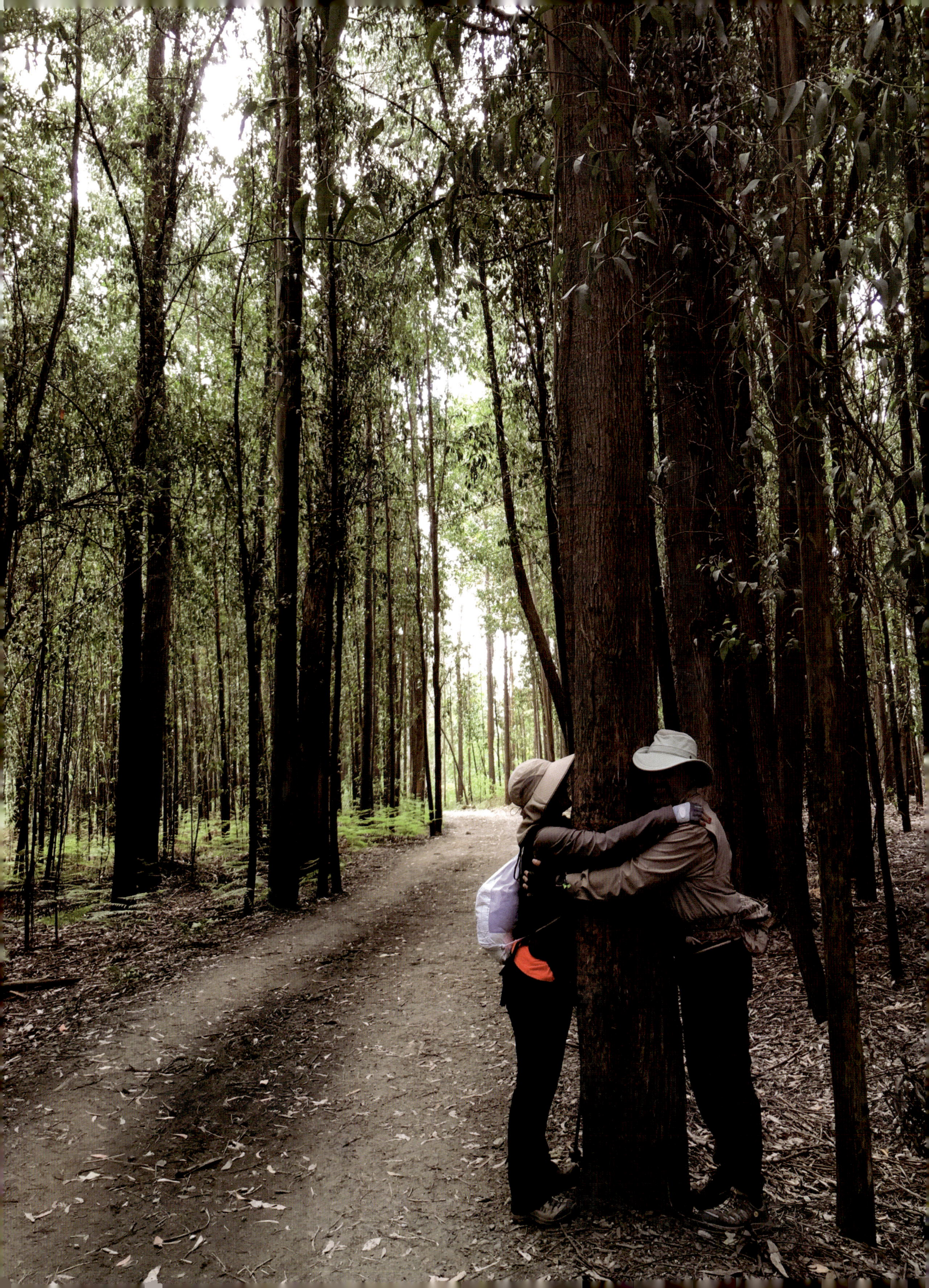

Se alguém vivesse pensando na vida, morreria de pensamento.
Por isto a vida vivida é essa coisa esquecida entre um momento e outro momento.

Fernando Pessoa

Si alguien viviera pensando en la vida,
Moriría de pensamiento.
Por eso la vida vivida es esa cosa olvidada
entre un momento y otro momento.

Fernando Pessoa

O QUE ESTÁ ACONTECENDO COM VOCÊ AGORA?

Maria Alice

¿QUÉ ES LO QUE TE ESTÁ PASANDO AHORA?

HORREO (CONSTRUÇÃO TÍPICA DA GALICIA)
HORREO (CONSTRUCCIÓN TÍPICA DE LA GALICIA)

CATEDRAL DE BURGOS - 1221

FOSSO DO CASTELO TEMPLARIO DE PONFERRADA *FOSO DEL CASTILLO TEMPLARIO DE PONFERRADA.*

CIDADE DE BURGOS *CIUDAD DE BURGOS.*

PESSOAS COMO PRESENTES

Algumas pessoas têm lindas embalagens, outras embalagens discretas. No Caminho sempre recebi lindos presentes.

Algumas trazem pacotes fáceis de abrir. Já com outras é dificílimo remover a embalagem, é tarefa árdua... A gente sabe que a embalagem não é o presente... Pessoas são o presente! Muita gente se engana confundindo a embalagem com o presente.

Por que alguns presentes são tão difíceis de abrir? Já aconteceu de você abrir um presente e se decepcionar bastante? Você e eu somos presentes para quem se aproxima de nós. Você é assim para mim, eu sou para você. Que decepção se formos apenas um presente-embalagem: muito lindo, enfeitado e... quase sem nada lá dentro!

Abra bem os olhos e também o coração porque todos os dias, em muitos momentos, lindos presentes passam por nós e, na aceleração do dia a dia, não reparamos em quase nada. Quando existe um encontro de verdade, na conversa, na abertura dos sentimentos, deixamos de ser uma embalagem enganosa e nos transformamos em valiosos presentes.

Nesses encontros verdadeiros, vamos nos desempacotando mutuamente, desembrulhando com cuidado, revelando e surpreendendo.

Você já recebeu um lindo presente-pessoa?

Cada ser é uma jarra cheia de encantamento. Desamarre-se, desembrulhe-se, desvende-se... Seja um estudioso de você mesmo.

Maria Alice

PERSONAS COMO REGALOS

Algunas personas tienen hermosos embalajes, otros embalajes discretos. En el Camino siempre recibí hermosos regalos.

Algunas traen paquetes fáciles de abrir. Ya con otras es difícil quitar el embalaje, es una tarea ardua... Sabemos que el embalaje no es el regalo... ¡Las personas son el regalo! Mucha gente se equivoca al confundir el embalaje con el regalo.

¿Por qué algunos regalos son tan difíciles de abrir? ¿Te ha sucedido de abrir un regalo y decepcionarte bastante? Tú y yo somos regalos para quien se acerca a nosotros. Tú eres así para mí, yo soy así para vos. ¡Qué decepción si sólo somos un regalo-embalaje: muy lindo, adornado y... casi sin nada adentro!

Abre bien los ojos y también el corazón porque todos los días, en muchos momentos, hermosos regalos pasan por nosotros y, en la aceleración del día a día, no nos damos cuenta de casi nada. Cuando existe un encuentro de verdad, en la conversación, en la apertura de los sentimientos, dejamos de ser un embalaje engañoso y nos transformamos en valiosos regalos.

En estos encuentros verdaderos, nos vamos desempaquetando mutuamente, desembalando con cuidado, revelando y sorprendiendo.

¿Ya has recibido un hermoso regalo-persona?

Cada ser es una jarra llena de encanto.
Desátate, descúbrete...
Sea un estudioso de usted mismo.

SAHAGUN -ERMITA DE LA VIRGEN DEL PUENTE

COLEGIATA DE NUESTRA SEÑORA DE EL MANZANO

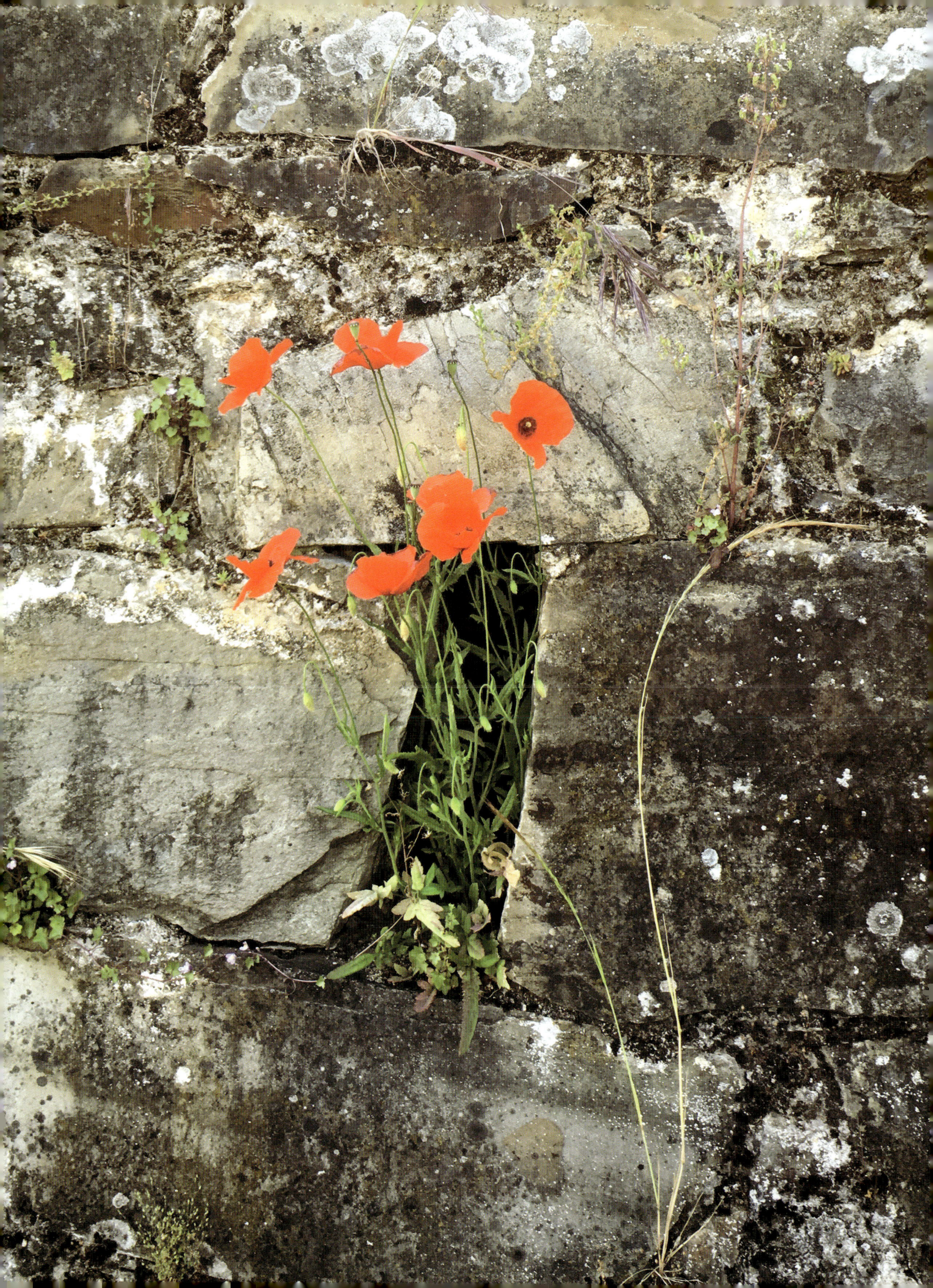

ESCONDERIJO TEMPLÁRIO COBRIA-SE COM VEGETAÇÃO PARA ESCONDER A CASA.
ESCONDRIJO TEMPLARIO CUBIERTO CON VEGETACIÓN PARA OCULTAR LA CASA.

1891
Bodegas Irache S.L.
Museo del vino
TABERNA
MATEO
SE VENDE

ALBERGUE
MESON EL ACEBO
AÑO 1917
Camino de Santiago
BAR
COWBOY
MESON

**QUERER O QUE VOCÊ JÁ
TEM E... NÃO QUERER
O QUE VOCÊ NÃO TEM.
ESTE SERÁ O SEU LUGAR
DE TRANQUILIDADE INTERNA**

Maria Alice

*QUERER LO QUE YA
TIENES ES... NO QUERER
LO QUE NO TIENES.
ESTE SERÁ TU LUGAR DE
TRANQUILIDAD INTERNA*

CATEDRAL DE LEON

Meu pai,
o aprendizado maior

No Caminho, vive-se do Caminho.

Desapego e gratidão por cada gesto. A solidariedade peregrina é uma das grandes memórias que todo peregrino traz de volta à sua vida diária.

No Caminho sempre cuidei e fui cuidada com detalhes – alimentação, água, apoio, companhias mais suaves e outras nem tanto, mas invariavelmente com a mesma intenção de ajuda e troca de experiências vividas. Essa solidariedade do Caminho cuida dos ferimentos do corpo e da alma.

Como fisioterapeuta e acupunturista sempre sou solidária nas dores, na melhor postura, nas soluções mais práticas. Sempre, em todas as minhas doze vezes no Caminho a Santiago, tratei de pessoas: nos albergues ou caminhando. Gosto de ser útil. Acredito que é uma característica que herdei do meu pai e essa certeza me faz sorrir, lembrando de como ele adoraria caminhar comigo!

Meu pai, Ernani – Naninho para os íntimos –, português da cidade do Porto, feliz por ter se naturalizado brasileiro quando eu já tinha quinze anos, sempre foi muito prestativo, solidário e fiel amigo aos seus muitos amigos. Gostava de saber o que qualquer pessoa pudesse estar precisando para acionar seus contatos de relacionamento e encontrar um jeito de melhorar aquela situação, fosse qual fosse. Era adorado pelos amigos dele e também por todos os meus. Aprendi a dançar com meu pai: elegante, ritmado, que adorava evoluir sussurrando a melodia que tocava na 'vitrola'. A memória de meu pai volta sempre em situações de afeto e preenchimento de alma. Ele cuidava do meu lado emocional: meus livros, matinês de cinema e discos eram nosso melhor diálogo, na difícil tarefa de educar uma filha única, cheia de personalidade e vontade de viver.

Depois de casado com Celia, minha mãe, nunca mais voltou a Portugal. Tenho absoluta certeza de que seria um perfeito peregrino em Caminhos da Europa. Teria me acompanhado se eu tivesse descoberto o

MI PADRE, EL APRENDIZAJE MAYOR

En el Camino, se vive del Camino.

Desapego y gratitud por cada gesto. La solidaridad peregrina es una de las grandes memorias que todo peregrino trae de vuelta a su vida diaria.

En el Camino siempre cuidé y fui cuidada con detalles - alimentación, agua, apoyo, compañías más suaves y otras ni tanto, pero invariablemente con la misma intención de ayuda e intercambio de experiencias vividas. Esta solidaridad del Camino cuida de a heridas del cuerpo y del alma.

Como fisioterapeuta y acupunturista siempre soy solidaria en los dolores, en la mejor postura, en las soluciones más prácticas. Siempre, en todas mis doce veces en el Camino a Santiago, traté de personas: en los albergues o caminando. Me gusta ser útil. Creo que es una característica que he heredado de mi padre y esa certeza me hace sonreír, recordando cómo le encantaría caminar conmigo. Mi padre, Ernani - Naninho para los íntimos– portugués de la ciudad de Oporto, feliz de haberse naturalizado brasileño cuando yo ya tenía quince años, era siempre muy atento, solidario y amigo leal de sus muchos amigos. Le gustaba saber lo que cualquier persona pudiera estar necesitando para accionar sus contactos de relación y encontrar una manera de mejorar esa situación, sea cual sea. Era estimado por sus amigos y también por todos los míos.

Aprendí a bailar con mi padre: elegante, ritmado, que le encantaba evolucionar susurrando la melodía que tocaba en el tocadiscos. Lo recuerdo siempre en situaciones de afecto y completar mi alma. Él cuidaba de mi lado emocional: mis libros, matinés de cine y discos eran nuestro mejor diálogo, en la difícil tarea de educar a una hija única, llena de personalidad y voluntad de vivir.

Caminho a Santiago antes de sua última 'viagem'. Depois de chegar a Santiago pela primeira vez, fui a Cidade do Porto conhecer a rua Cedofeita, onde ele morou com pais e avós portugueses antes de mudar para o Brasil, aos treze anos de idade.

Meu pai foi meu companheiro por curtos 41 anos!

Caminhando pela primeira vez no verão da Espanha, meu único agasalho foi uma suéter de cashmere amarelo-canário, já bem velhinha, que ele adorava. Nos finais de tarde, jogada aos ombros, me acompanhava nas missas e jantares, ajudando a dar um toque de charme na roupa pretinha para depois do banho. Nunca aconteceu fisicamente, mas de verdade fizemos o Caminho juntos, eu me abraçando suavemente na suéter dele.

No meu mundo de então, havia sempre música presente e aquela menina dançava com uma vassoura os ritmos que seu pai lhe ensinava carinhosamente.

Primeira chegada a Santiago 1999 - usando a sweter amarela do meu pai.
Primera llegada a santiago 1999 – usando el sweter amarillo de mi padre.

Preciso ser como nunca deixei de ser,
para conseguir ser quem realmente sou.
E viver quem sou.

Maria Alice

Después de casado con Celia, mi madre, nunca más volvió a Portugal. Estoy absolutamente segura de que sería un perfecto peregrino en Caminos de Europa. Me hubiera acompañado si yo hubiera descubierto el Camino a Santiago antes de su último 'viaje'. Después de llegar a Santiago por primera vez, me fui a la Ciudad do Porto conocer la calle Cedofeita, donde el vivió con sus padres y abuelos portugueses antes de trasladarse a Brasil, a los trece años de edad.

¡Mi padre fue mi compañero por cortos 41 años!

Caminando por primera vez en el verano de España, mi único abrigo fue un suéter de cachemira amarillo canario, ya muy viejita, que a él le encantaba. En los finales de tarde, se colocaba en los hombros, me acompañaba en las misas y cenas, ayudando a dar un toque de encanto en la ropa de baño. Nunca sucedió físicamente, pero de verdad hicimos el Camino juntos, yo me abrazaba suavemente en el suéter de él. (Tenemos foto de la primera llegada a Santiago, con este suéter Foto con Paulo Coelho)

En mi mundo de entonces, siempre había música presente y aquella niña bailaba con una escoba los ritmos que su padre le enseñaba cariñosamente.

Necesito ser como nunca dejé de ser,
Para conseguir ser quien realmente soy.
Y vivir quien soy.

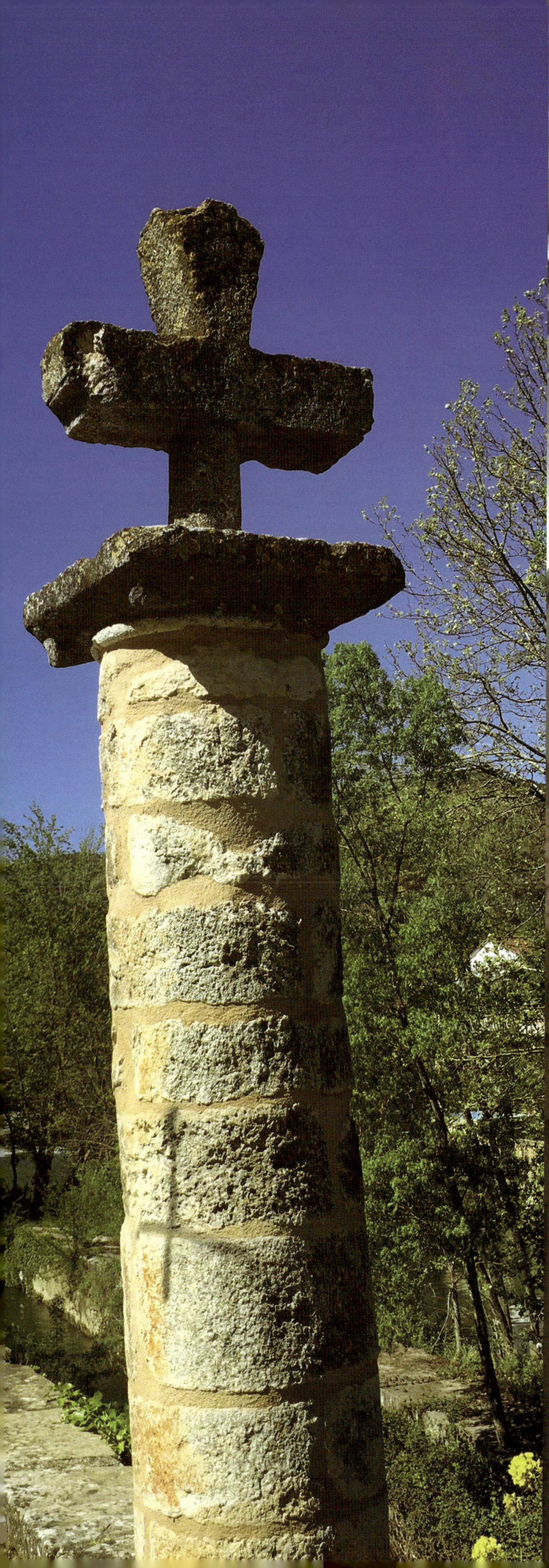
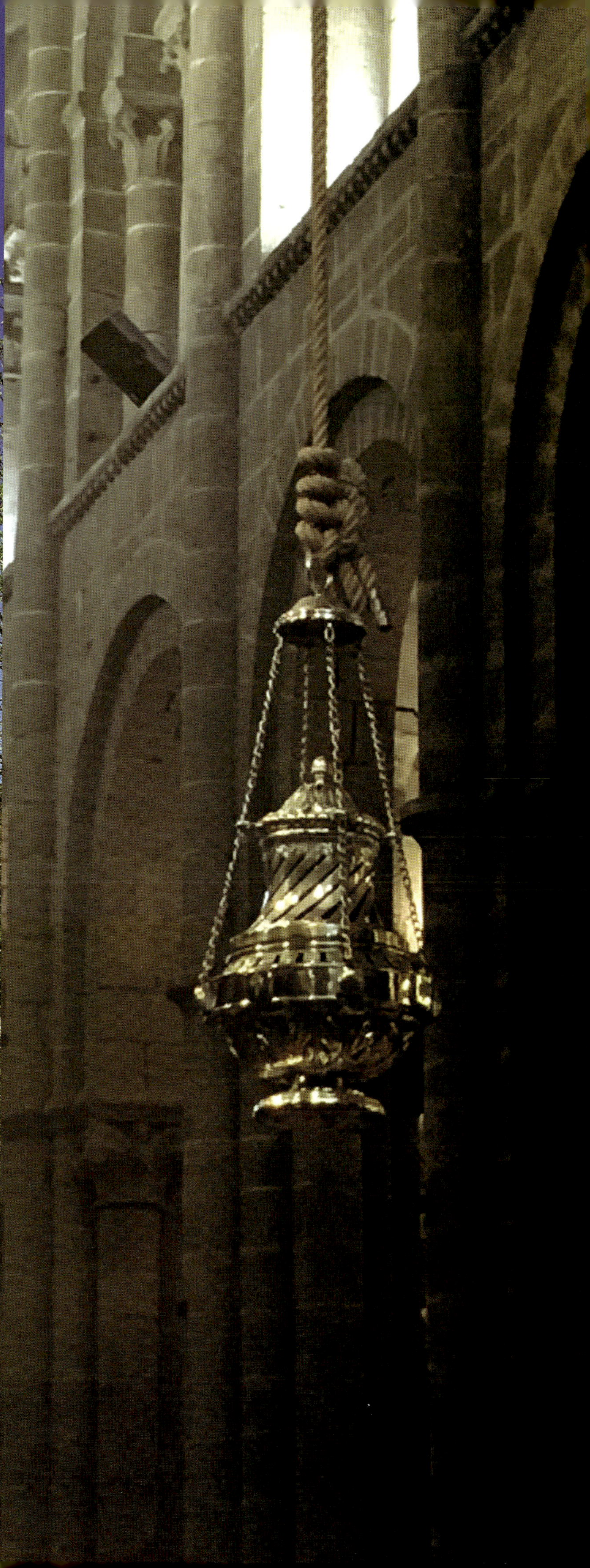

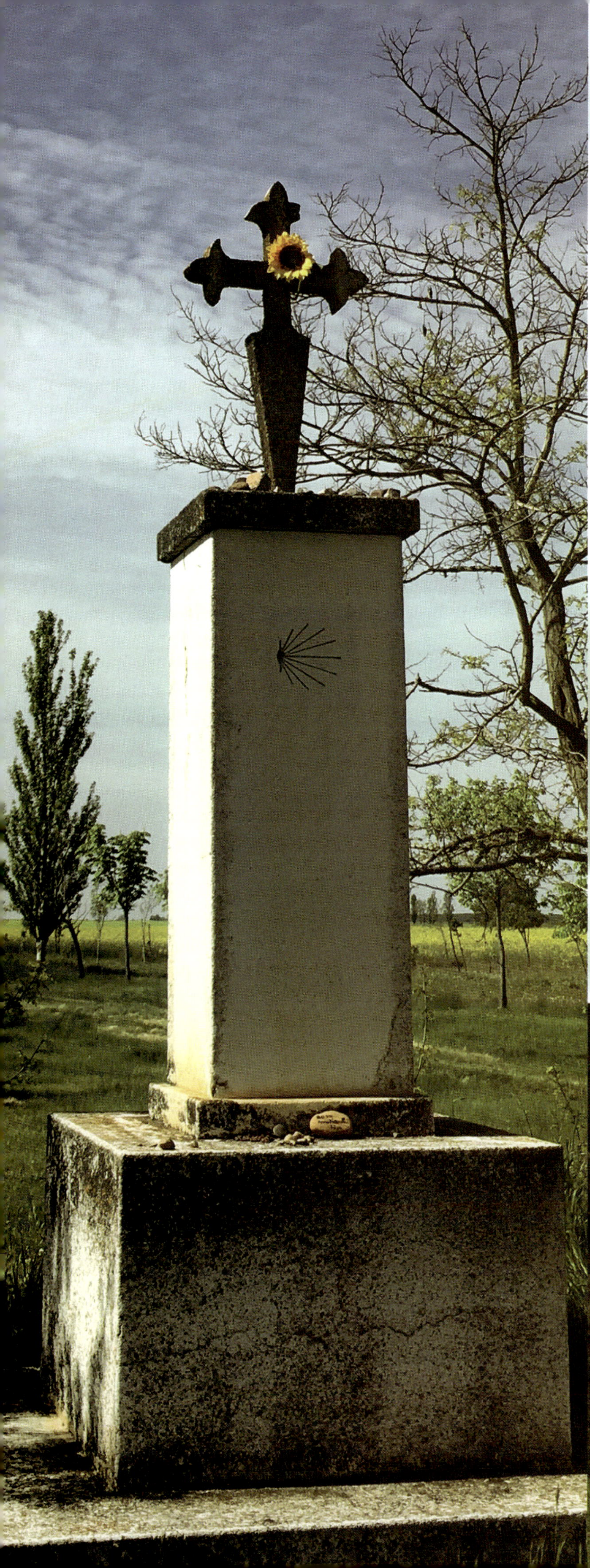
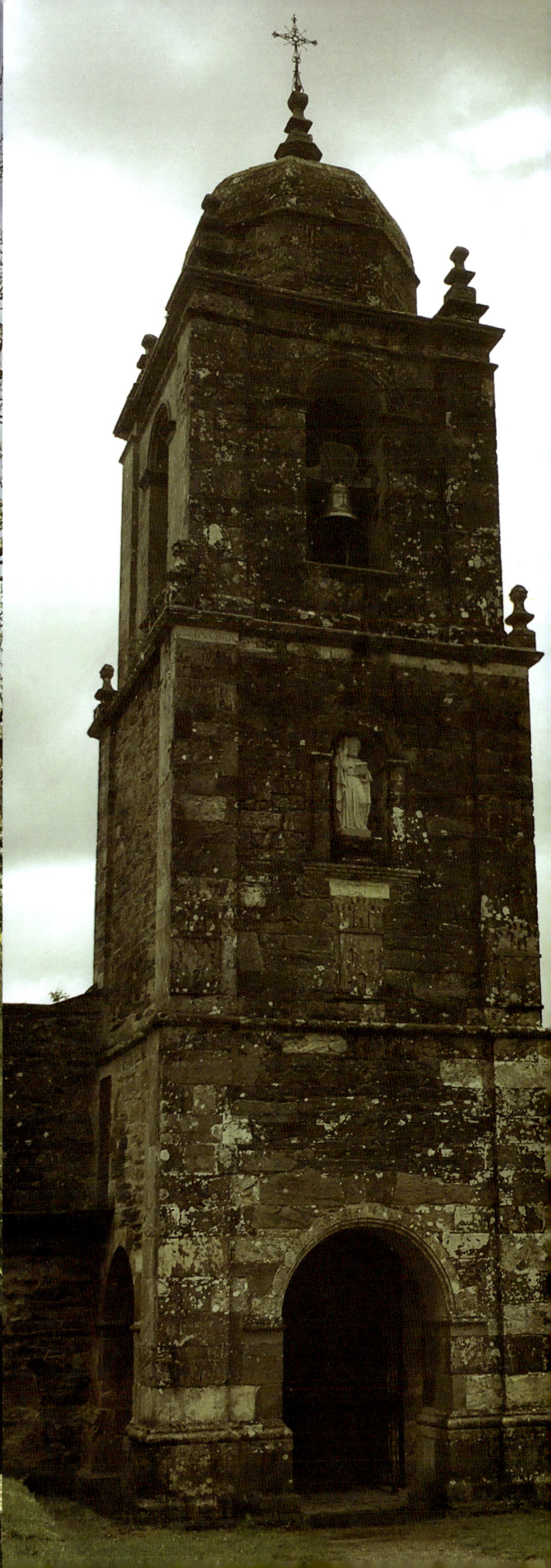

PEREGRI

Acaba-se o Caminho... Mas começa uma nova história.
O surpreendente desenlace da peregrinação consiste
em que esta não acaba em Compostela,
mas perdura indefinidamente no coração.
Não há dúvida de que, quem ousa se deixar abalar
pelo mistério divino que nos cerca, quem decide seguir
o Peregrino, dificilmente quebrará seu cajado, nem tirará
a concha que pendurou um dia em seu pescoço.

NAÇÃO...
NACIÓN

Se acaba el Camino... Pero comienza una nueva historia.
El sorprendente desenlace de la peregrinación consiste
En que ésta no acaba en Compostela,
Pero permanece indefinidamente en el corazón.
No hay duda de que, quien se atreva a dejarse afectar
Por el misterio divino que nos rodea, quien decide seguir
El Peregrino, Difícilmente quebrará su cayado, ni quitará
la concha que colgó un día en su cuello.

Padre
Juan Antonio Torres Priet
PEREGRINO

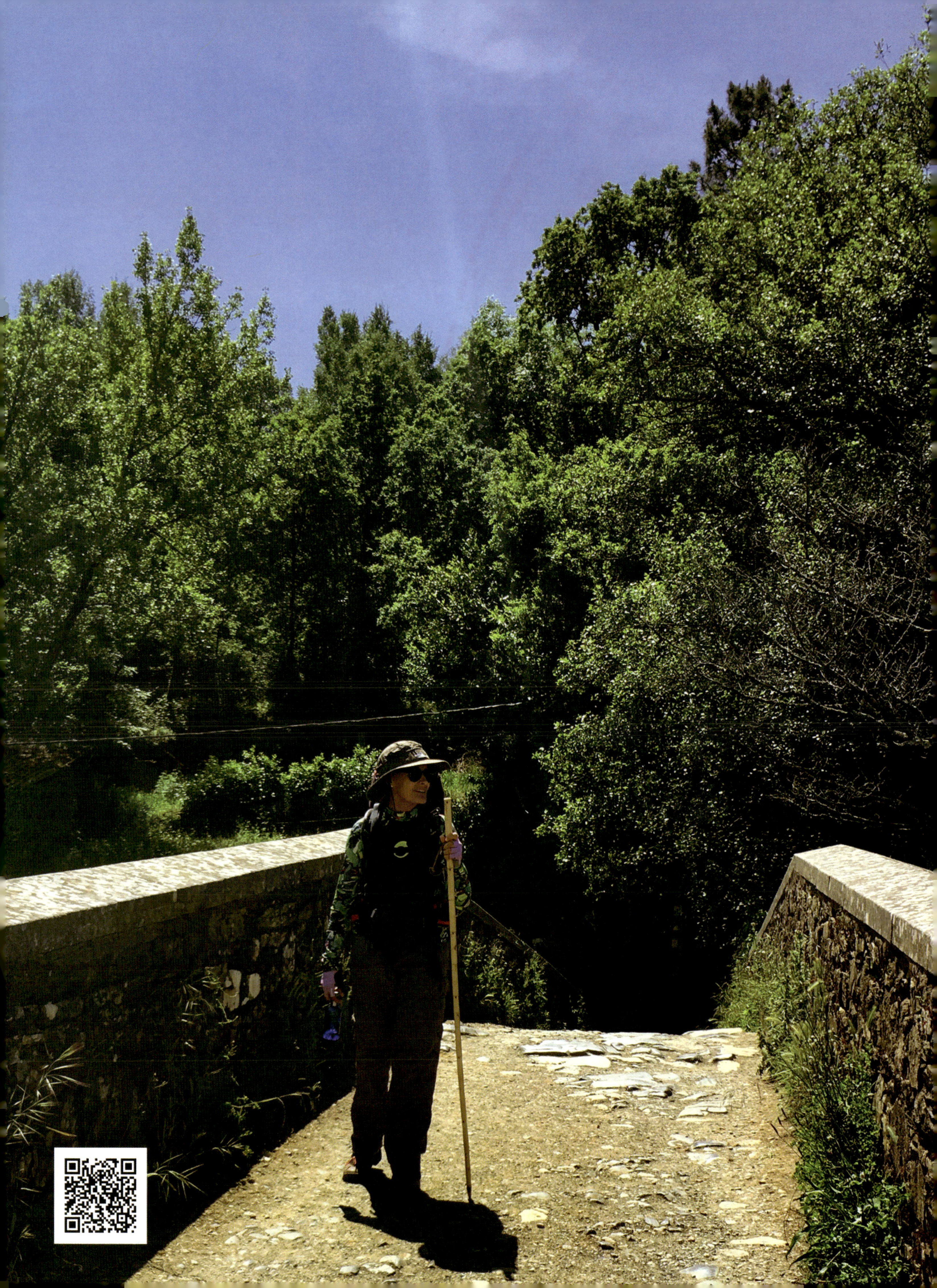

MEU FILHO JOMAR JUNIOR NO CAMINHO
MI HIJO JOMAR JUNIOR EN EL CAMINO

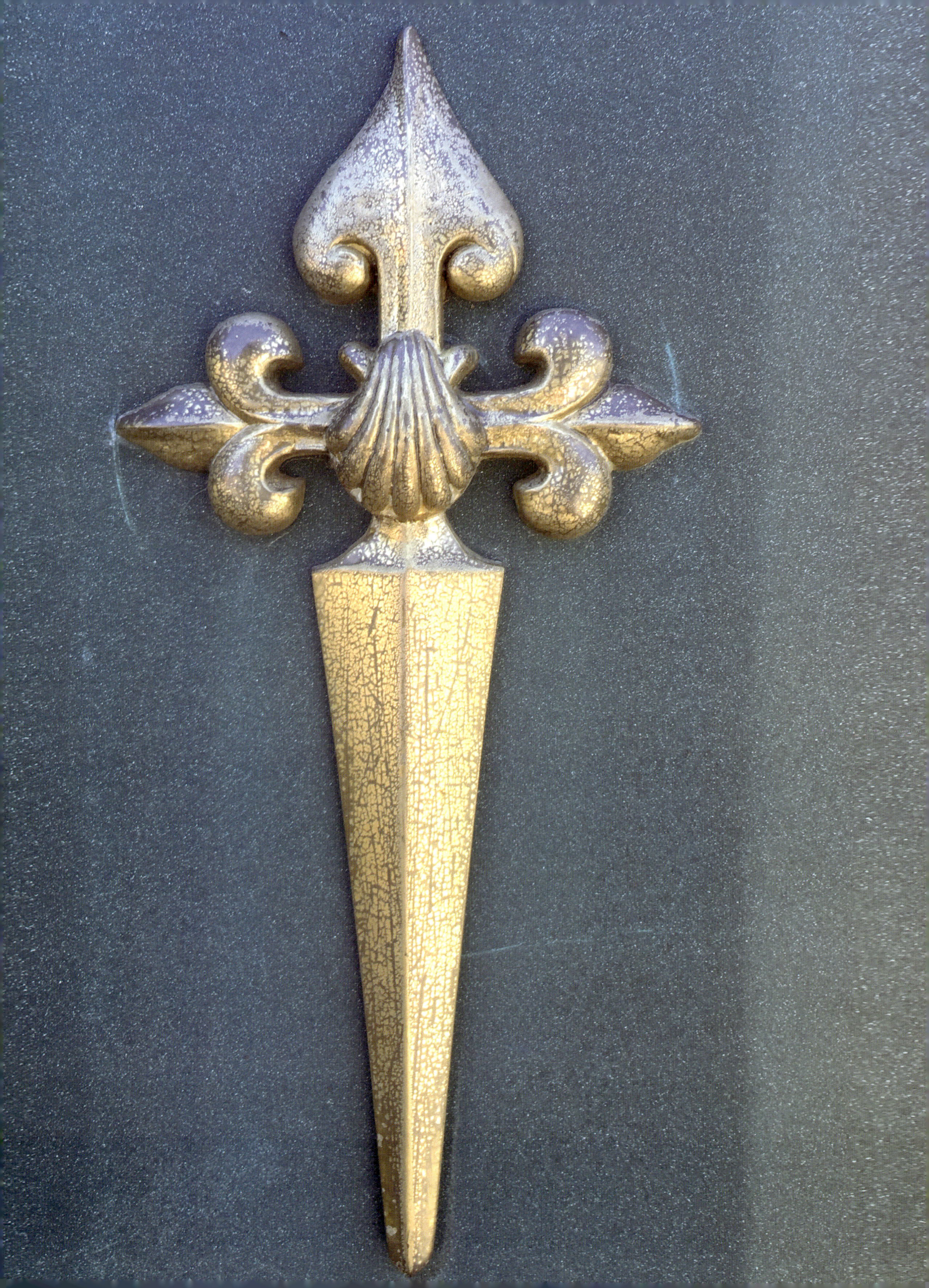

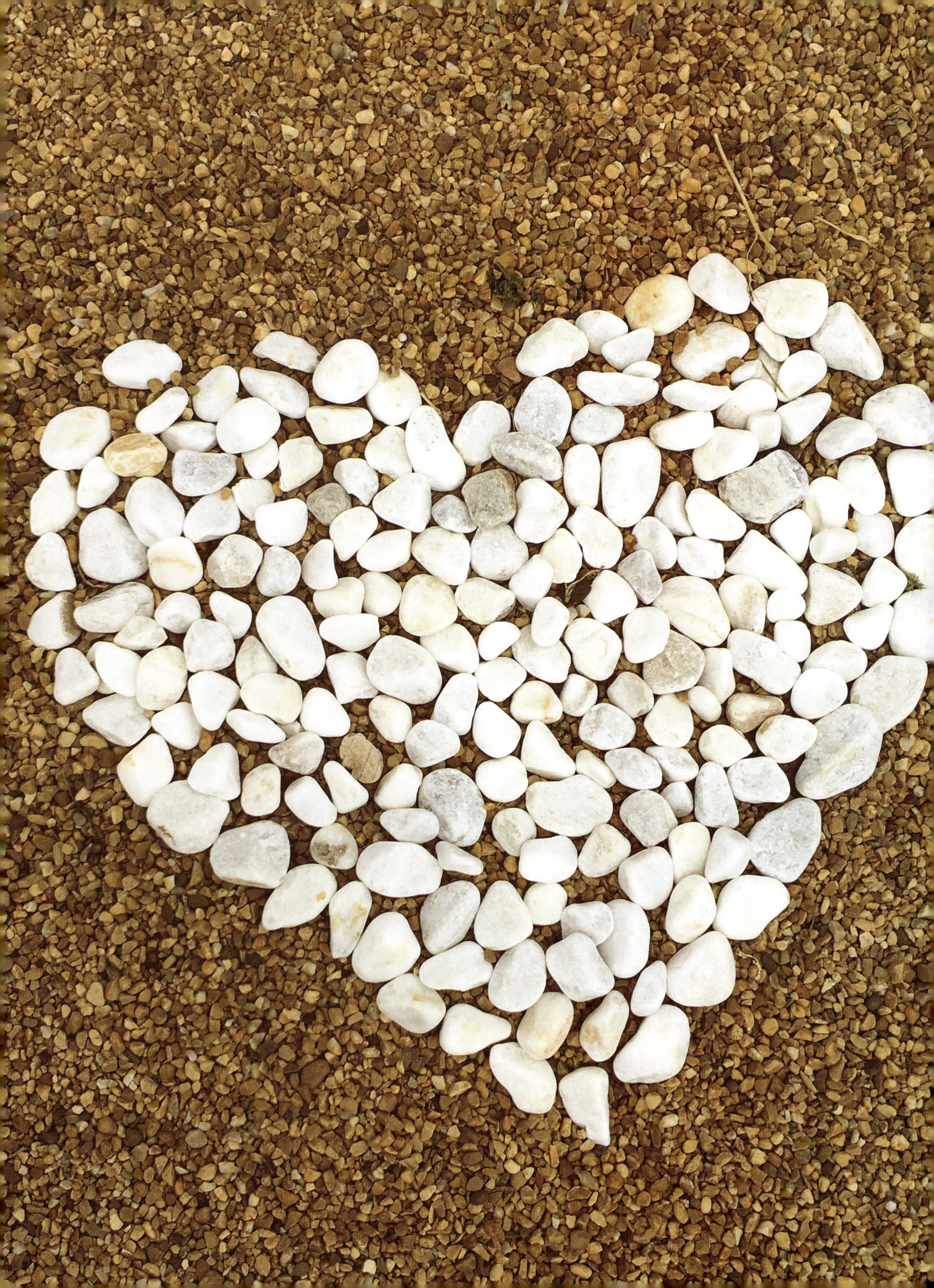

O QUE É CHEGAR A SANTIAGO DE COMPOSTELA?

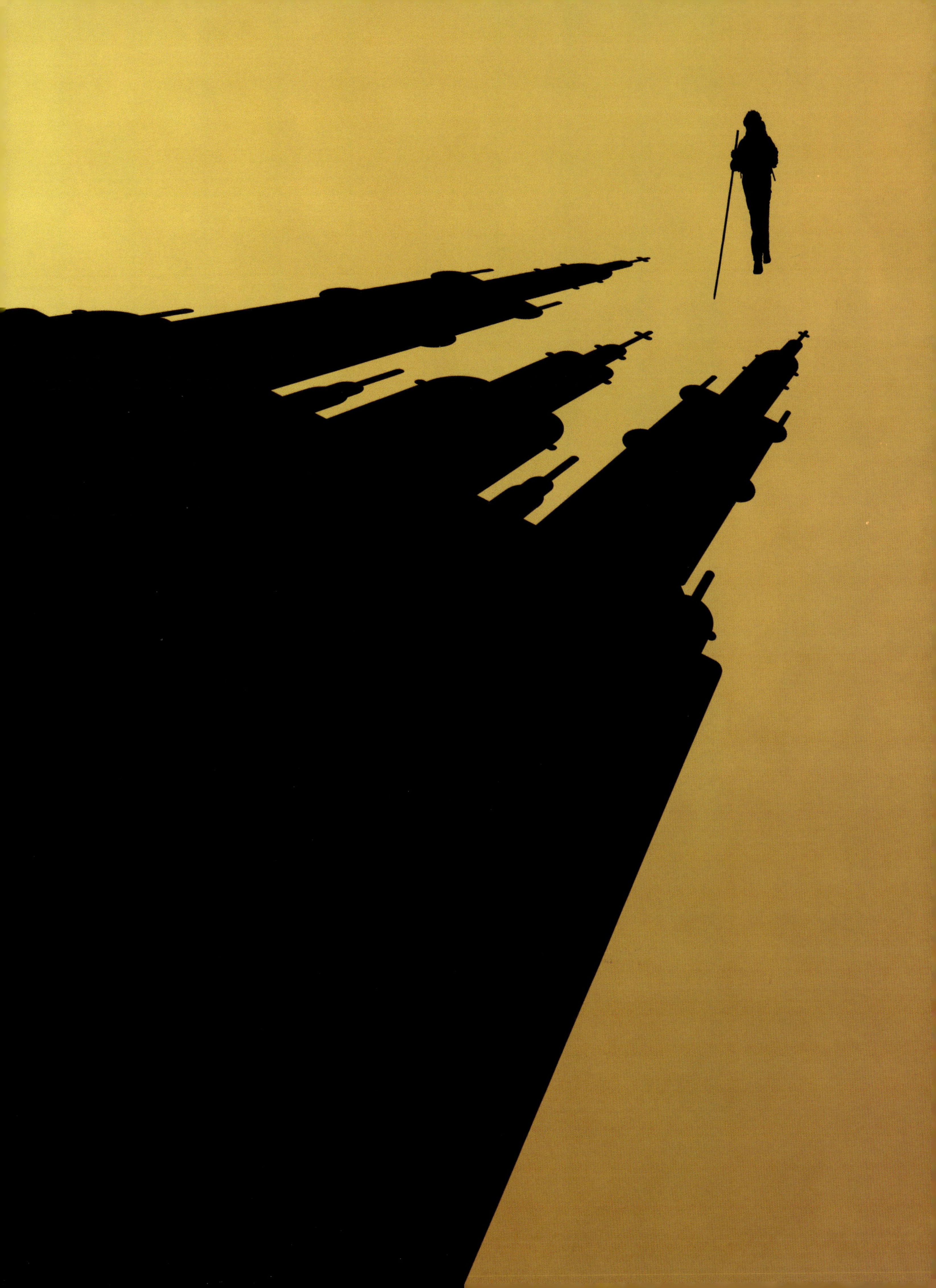

É silêncio, euforia, olhar infantil e curioso para todos os detalhes sobre os quais tanto se ouviu falar antes de Caminhar. É também saudade e incredulidade por ter conseguido chegar. Alguns peregrinos se ajoelham de frente para a catedral e rezam, outros gritam em seus telefones a grande glória da chegada. Reações muito variadas!!!

A Praca do Obradoiro é a praça em frente à catedral. Espaço amplo, todo em pedras, verdadeiro quadrilátero energético, palco de atitudes inusitadas, comoventes, felizes e inesquecíveis.

Esta praça tem de um lado a primeira sede da Universidade de Santiago, que foi criada pelo Rei Affonso II (este prédio é conhecido como Fonseca); do lado oposto está o Parador Tres Reyes, que já foi hospital para peregrinos, presídio, hospício e hoje é Hotel 5 estrelas; A sede do governo da Galícia (Santiago de Compostela é a capital), conhecido como Ayuntamento, fecha o quadrilátero.

Estas quatro construções milenares, com tanto significado e história em cada uma delas, são o palco perfeito e acolhedor para receber quem vence seus desafios, sejam eles sabáticos, religiosos, atléticos, turísticos ou aventureiros. Todos são peregrinos a Santiago. Chegar a pé a Santiago é desafiador!

Em uma de minhas chegadas me lembro bem da senhora americana do Texas, que passava por mim andando sempre sozinha e muito rápida... em outros dias passava devagar e chorando, mas não dava chance de conversa. Quando perguntada sobre o porquê da pressa, dizia: "Tenho data para chegar a Santiago". Naquele dia eu cheguei antes dela e me sentei bem no meio da praça onde existe no chão uma placa que diz: CAMINO DE SANTIAGO – ITINERARIO CULTURAL EUROPEU - CONSEJO DE EUROPA – 25-10-87.

Observava a mim mesma em mais uma vez terminando o Caminho.

Era ainda perto da hora do almoço. Bicigrinos chegando, casais se abraçando, grupos que aplaudiam a cada companheiro retardatário... e a mulher do Texas apareceu ao longe, caminhou acelerada como sempre até o centro da praça, colocou a mochila no chão, pegou nas mãos as duas conchas que estavam amarradas na mochila e, olhando para cima, gritou muito alto chorando:

"Chegamos, meu filho!!! Você veio comigo. Conseguimos fazer o Caminho a Santiago".

Olhou para os lados como que procurando por alguém e, quando me viu, se deixou arriar ao meu lado e disse:

"Você pode me abraçar? Meu filho morreu um mês antes da nossa viagem para o Caminho. Trouxe a concha dele comigo!"

Ficamos abraçadas por muuuuito tempo!!!

¿QUÉ ES LLEGAR A SANTIAGO DE COMPOSTELA?

Es silencio, euforia, mirada infantil y curiosa para todos los detalles sobre los cuales tanto se oyó hablar antes de Caminar. Es también nostalgia e incredulidad por haber logrado llegar. Algunos peregrinos se arrodillan de frente para la catedral y rezan, otros gritan en sus teléfonos la gran gloria de la llegada. ¡Reacciones muy variadas!

La Plaza del Obradoiro es la plaza en frente a la catedral. Espacio amplio, todo en piedras, verdadero cuadrilátero energético, escenario de actitudes inusitadas, conmovedoras, felices e inolvidables.

Esta plaza tiene de un lado la primera sede de la Universidad de Santiago, que fue creada por el Rey Alonso II (este edificio es conocido como Fonseca); en el lado opuesto se encuentra el Parador Tres Reyes, que ya fue hospital para los peregrinos, cárcel, hospital y hoy es un Hotel de 5 estrellas; La sede del gobierno de Galicia (Santiago de Compostela es la ciudad capital), conocido como el Ayuntamiento, cierra el patio.

Estas cuatro construcciones milenarias, con tanto significado e historia en cada una de ellas, son el escenario perfecto y acogedor para recibir a quienes vencen sus desafíos, ya sean sabáticos, religiosos, atléticos, turísticos o aventureros. Todos son peregrinos hacia Santiago. ¡Llegar a pie a Santiago es desafiante!

En una de mis llegadas, me recuerdo bien de la señora americana de Texas, que pasaba por mí caminando siempre sola y muy rápida... en otros días pasaba despacio y llorando, pero no daba oportunidad de conversar. Cuando se le preguntó sobre el porqué de la prisa, decía: "Tengo fecha para llegar a Santiago".

En aquel día, yo llegué antes que ella y me senté bien en el medio de la plaza adonde existe en el suelo una placa que dice: CAMINO DE SANTIAGO - ITINERARIO CULTURAL EUROPEO - CONSEJO DE EUROPA - 25-10-87.

Me observaba a mí misma una vez más terminando el Camino.

Estaba cerca de la hora del almuerzo. Los "Bicigrinos" estaban llegando, parejas abrazándose, grupos que aplaudían a cada uno de sus compañeros retardatarios... y la mujer del Texas apareció a lo lejos, caminó

Ao consolar esta mulher de quem nunca soube o nome, agradeci profundamente pela saúde e pela vida de meus três amados filhos e suas famílias.

Minha primeira chegada foi morna porque na verdade eu não queria chegar. Tão feliz estava com a rotina estabelecida, as amizades, as descobertas.

Este é um sentimento muito comum aos peregrinos, quando já nos últimos dias caminham mais devagar, desacelerando o passo, retardando o momento de terminar na incrível experiência de chegar e pisar no centro da praça. Para minha felicidade já foram 12 chegadas a este ponto mágico e nenhuma delas é igual a anterior. Ao sentar no meio da praça, olhando de frente para a Catedral, meu sentimento é sempre de gratidão e silêncio. Sei que a cada vez no Caminho pedaços de mim ficam espalhados nos amigos peregrinos de outros países, que se tornam eternos parceiros... pedaços ficam também no chão caminhado, nas árvores tocadas...

Acreditem: Peregrinos sentem eternamente saudade de pisar no Caminho e seguir as setas amarelas. Acredito que a maior demonstração de fé é atravessar um país a pé, seguindo setas amarelas as quais acreditamos que nos levarão à nossa meta. Este Caminhar requer participação, solidariedade, aceitação da dúvida e incondicional compromisso com você mesmo. No Caminho se diz que até Burgos se trabalha o corpo, até O Cebreiro se trabalha a alma e até Santiago se trabalha o espírito!

ABRACO AO SANTO na chegada a Santiago. Gratidão.
Abrazo al santo en la llegada a Santiago. Gratitud.

apurada como siempre hasta el centro de la plaza, colocó su mochila en el suelo, cogió en las manos las dos conchas que estaban amarradas en la mochila y, mirando hacia arriba, gritó muy alto llorando:

"¡Llegamos, hijo mío! Vos te viniste conmigo. Conseguimos hacer el Camino a Santiago".

Miró a los lados como buscando a alguien y cuando me vio, se sentó a mi lado y me dijo:

"¿Puedes abrazarme? Mi hijo se murió un mes antes de nuestro viaje al Camino. ¡Traje la concha de él conmigo!"

¡Nos quedamos abrazadas por muuuucho tiempo!

Al consolar a esta mujer de quien nunca supe su nombre, agradecí profundamente por la salud y por la vida de mis tres hijos amados y sus familias.

Mi primera llegada fue tibia porque en realidad no quería llegar. Estaba tan feliz con la rutina establecida, las amistades, los descubrimientos.

Este es un sentimiento muy común a los peregrinos, cuando ya en los últimos días caminan más despacio, desacelerando el paso, retardando el momento de terminar en la increíble experiencia de llegar y pisar en el centro de la plaza. Para mi felicidad ya fueron 12 llegadas a este punto mágico y ninguna de ellas es igual a la anterior.

Al sentar en el medio de la plaza, mirando de frente a la Catedral, mi sentimiento es siempre el de gratitud y de silencio. Sé que a cada vez en el Camino pedazos de mí están dispersos en los amigos peregrinos de otros países, que se hacen eternos compañeros... también se encuentran pedazos en el suelo caminado, en los árboles tocados...

Créanme: Los peregrinos sienten eternamente nostalgia de pisar en el Camino y seguir las flechas amarillas. Creo que la mayor demostración de fe es atravesar un país a pie, siguiendo flechas amarillas en las que creemos que nos llevaran a nuestra meta. Este Caminar requiere participación, solidaridad, aceptación de la duda e incondicional compromiso contigo mismo. En el Camino se dice que hasta Burgos se trabaja el cuerpo, hasta el Cebreiro se trabaja el alma y ¡hasta Santiago se trabaja el espíritu!

O CAMINHO É
UMA JORNADA
RUMO A
DESCOBERTA DE
VOCÊ MESMO

Maria Alice

*EL CAMINO
PROPORCIONA
EL REENCUENTRO
CON UNO MISMO.*

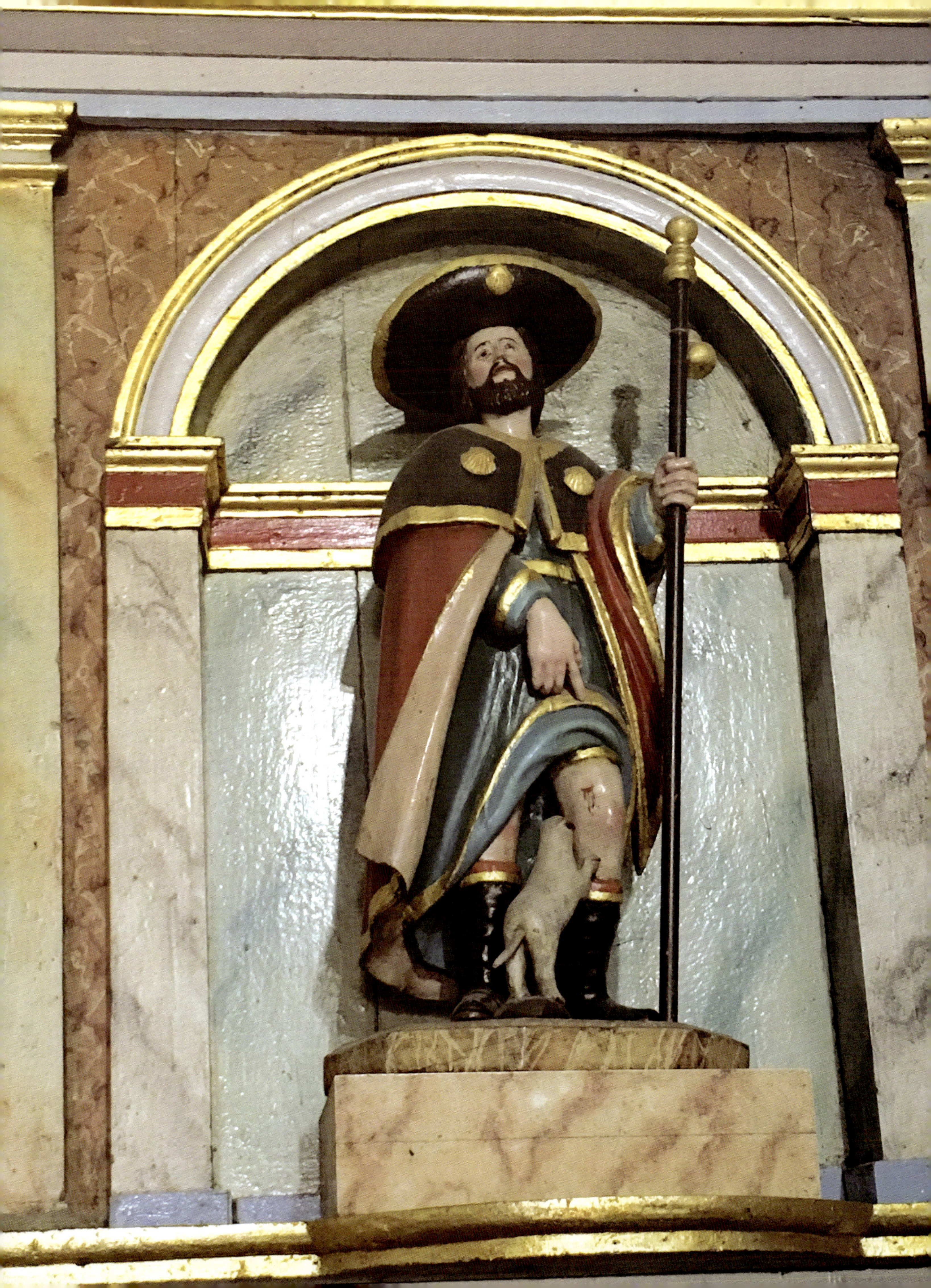

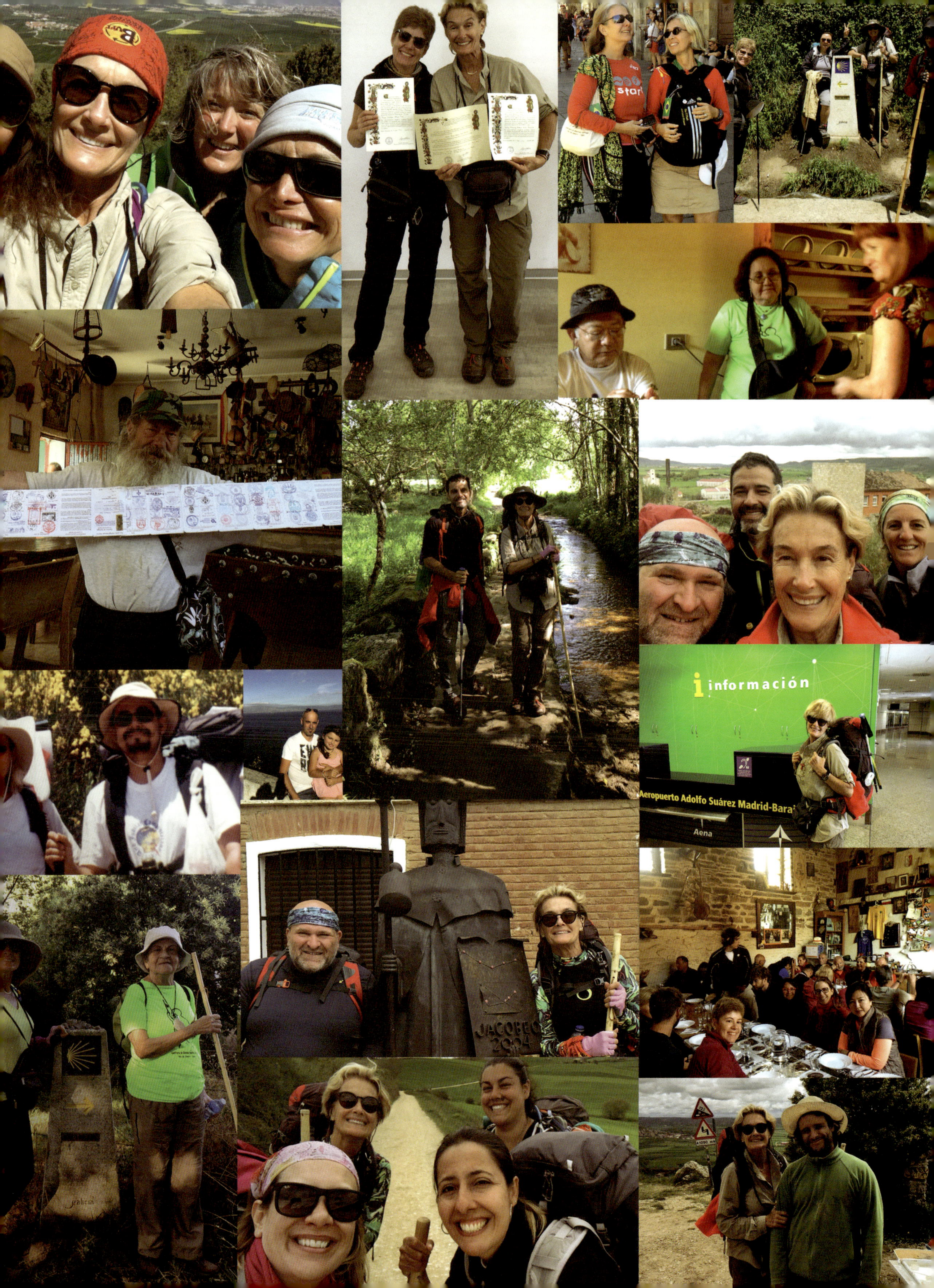
información
Aeropuerto Adolfo Suárez Madrid-Bara
Aena

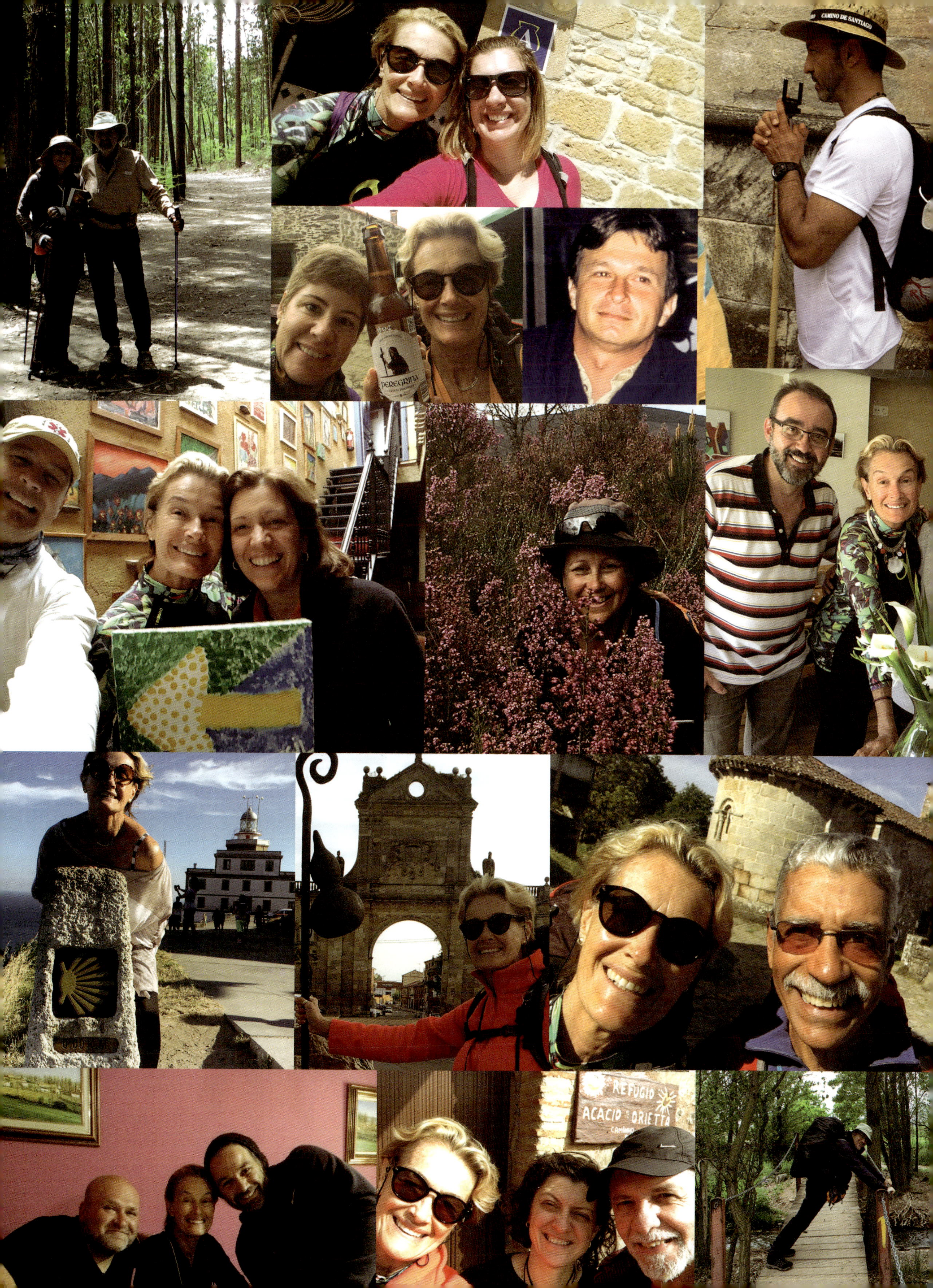
CAMINO DE SANTIAGO
PEREGRINA
REFUGIO

Assim sou eu!

Peregrina na vida ...
porque do Caminho nunca voltei!
Parte de mim vive lá!
	A cada vez que volto, a inevitável pergunta dos amigos:
"O que você encontrou?"
"O que você trouxe do Caminho?"
"Porque quer sempre voltar?"
	Minha resposta é sempre a mesma:
"Encontrei a mim mesma. Me trago de volta abastecida, encantada, renovada, grata e feliz!"
	Por quê?
Porque os aprendizados no Caminho são muitos para os peregrinos de qualquer idade, país ou religião... Solidariedade, humildade, aceitação, gratidão, compartilhamento, desapego... as experiências vividas ao Caminhar nos fazem ter a certeza de que a Paz no mundo é possível.
Pessoas de todos os credos, raças e diferentes níveis sociais não se importam com estas diferenças, ficamos todos iguais e fazemos amizades, nos ajudamos, compartilhamos alegrias e dificuldades e voltamos para nossos países... nossas casas e famílias... renovados em forca e determinação.
	Preciso voltar sempre, matar a saudade e me abastecer emocional e espiritualmente.
No Caminho se diz que ninguém CHEGA a Santiago...
Peregrinos VÃO a Santiago de Compostela...
porque o Caminho NUNCA termina!
	Desejo ÓTIMO CAMINHO, por toda a sua vida!

¡Así soy yo!

Peregrina en la vida...
Porque del Camino nunca volví.
¡Parte de mí vive allá!
	A cada vez que vuelvo, la inevitable pregunta de los amigos:
"¿Qué has encontrado?"
"¿Qué has traído del Camino?"
"¿Por qué quieres siempre volver?"
	Mi respuesta es siempre la misma:
"Me encontré a mí misma. ¡Me traigo de vuelta abastecida, encantada, renovada, agradecida y feliz!"
	¿Por qué?
Porque los aprendizajes para el peregrino de cualquier edad, país o religión son muchos... Solidaridad, humildad, aceptación, gratitud, compartir, desapego... las experiencias vividas al Caminar nos hacen tener la certeza de que la Paz en el mundo es posible.
Las personas de todos los credos, razas y diferentes niveles sociales no se preocupan por estas diferencias, nos quedamos todos iguales, hacemos amistades, nos ayudamos, compartimos alegrías y dificultades, y volvemos a nuestros países... nuestras casas y familias... renovadas en fuerza y determinación."
	Necesito volver siempre, por la "saudade" y alimentarme emocional y espiritualmente.
En el Camino se dice que nadie LLEGA a Santiago...
Peregrinos VAN a Santiago de Compostela...
Porque el Camino ¡NUNCA termina!
	Te deseo un EXCELENTE CAMINO, ¡por toda tu vida!

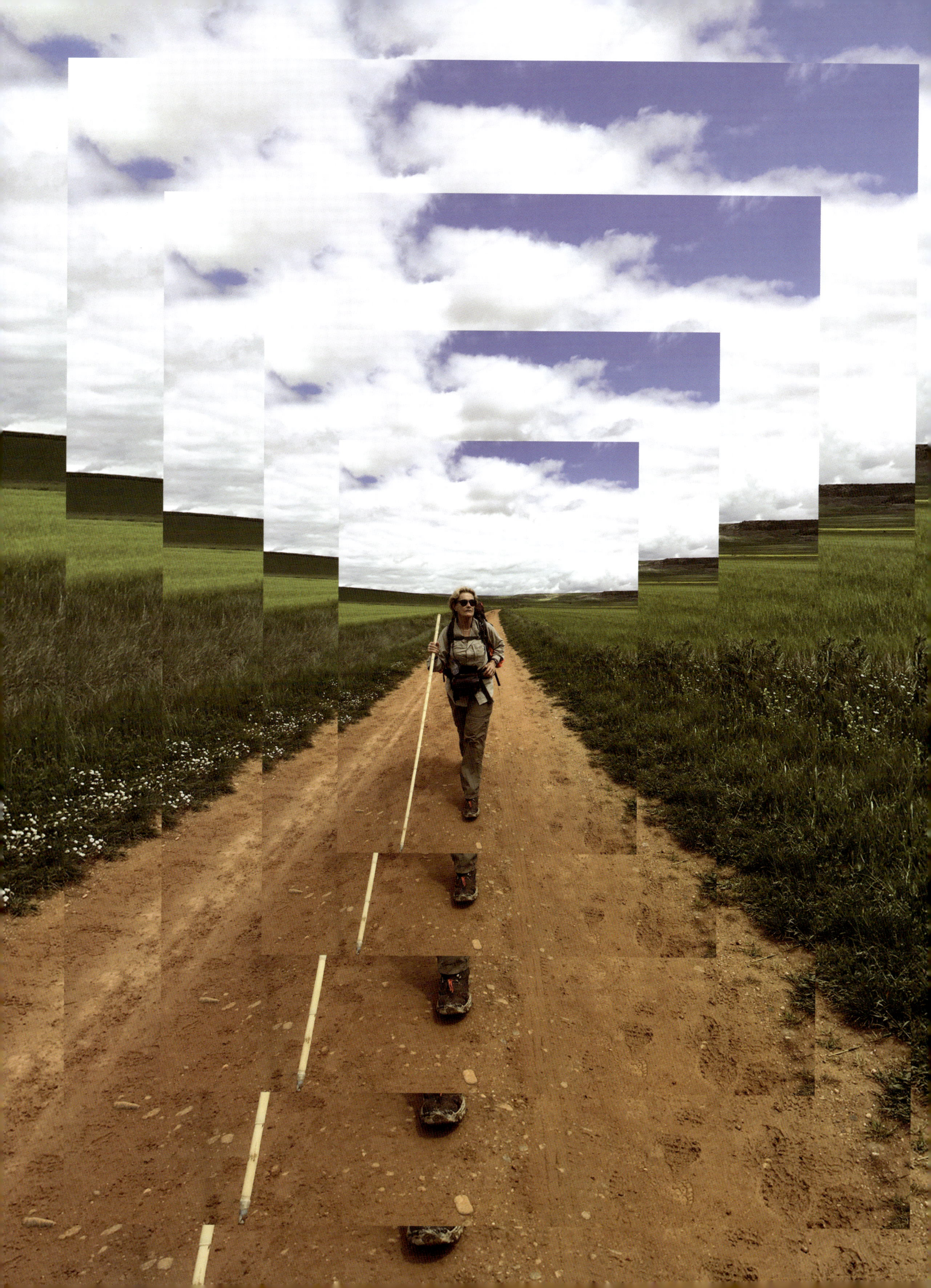

A autora

Maria Alice Medina vivenciou uma vida ligada à arte, espetáculos e muita criatividade. Casada 28 anos com um empresário, mãe de três filhos, de tudo participou intensamente, mas esse 'tudo' também trouxe nuances nem sempre cor-de-rosa. Em determinado ponto de sua rota precisou seguir sozinha, voltando a estudar, se buscar, como mulher e personagem de sua própria história. Formada em Educação Física, aproveitou essa formação para ir mais fundo no corpo, formando-se também como fisioterapeuta, onde atua há mais de 20 anos na orientação, acompanhamento e tratamento integral, além de realizar palestras empresariais sobre fisioterapia preventiva. Percorreu inúmeras vezes, a pé, o Caminho a Santiago de Compostela, em suas rotas francesa e portuguesa, sobre ele estudando na Universidade de Santiago. Em suas caminhadas, viu refletida em si mesma a experiência de superar desafios e de se conectar profundamente com seu próprio ser. Daí surgiu o desejo de compartilhar essas vivências, cuidadosa nos aspectos práticos, físicos e emocionais. Este livro é mais um instrumento desse compartilhar, aguçando, através de imagens autorais de beleza ímpar e rica biografia, todos aqueles que aceitarem o desafio de caminhar pela vida sem um roteiro fechado à mudanças.

La autora

María Alice Medina vivenció una vida vinculada al arte, espectáculos y mucha creatividad. Casada a 28 años con un empresario, madre de tres hijos, participó de todo intensamente, pero ese 'todo' también trajo matices no siempre color rosa. En cierto punto de su ruta, necesitó seguir solita, volviendo a estudiar, a buscarse, como mujer y personaje de su propia historia. Graduada en educación física, aprovechó esa graduación para ir más a fondo en el cuerpo, graduándose también como fisioterapeuta, donde opera desde hace más de 20 años en la orientación, seguimiento y tratamiento integral, además de realizar conferencias empresariales sobre fisioterapia preventiva. Ha recorrido caminando a pie, numerosas veces el camino de Santiago de Compostela, en sus rutas francesa y portuguesa, sobre el estudiando en la Universidad de Santiago. En sus caminatas, vio reflejada en sí misma la experiencia de superar desafios y de conectarse profundamente con su propio ser. De ahí apareció el deseo de compartir estas vivencias, cuidadosa en los aspectos prácticos, físicos y emocionales. Este libro es más un instrumento de ese compartir, aguzando, a través de las imágenes de la autora, de singular belleza y de rica biografía, todos aquellos que acepten el desafío de caminar por la vida sin un guion cerrado a cambios.

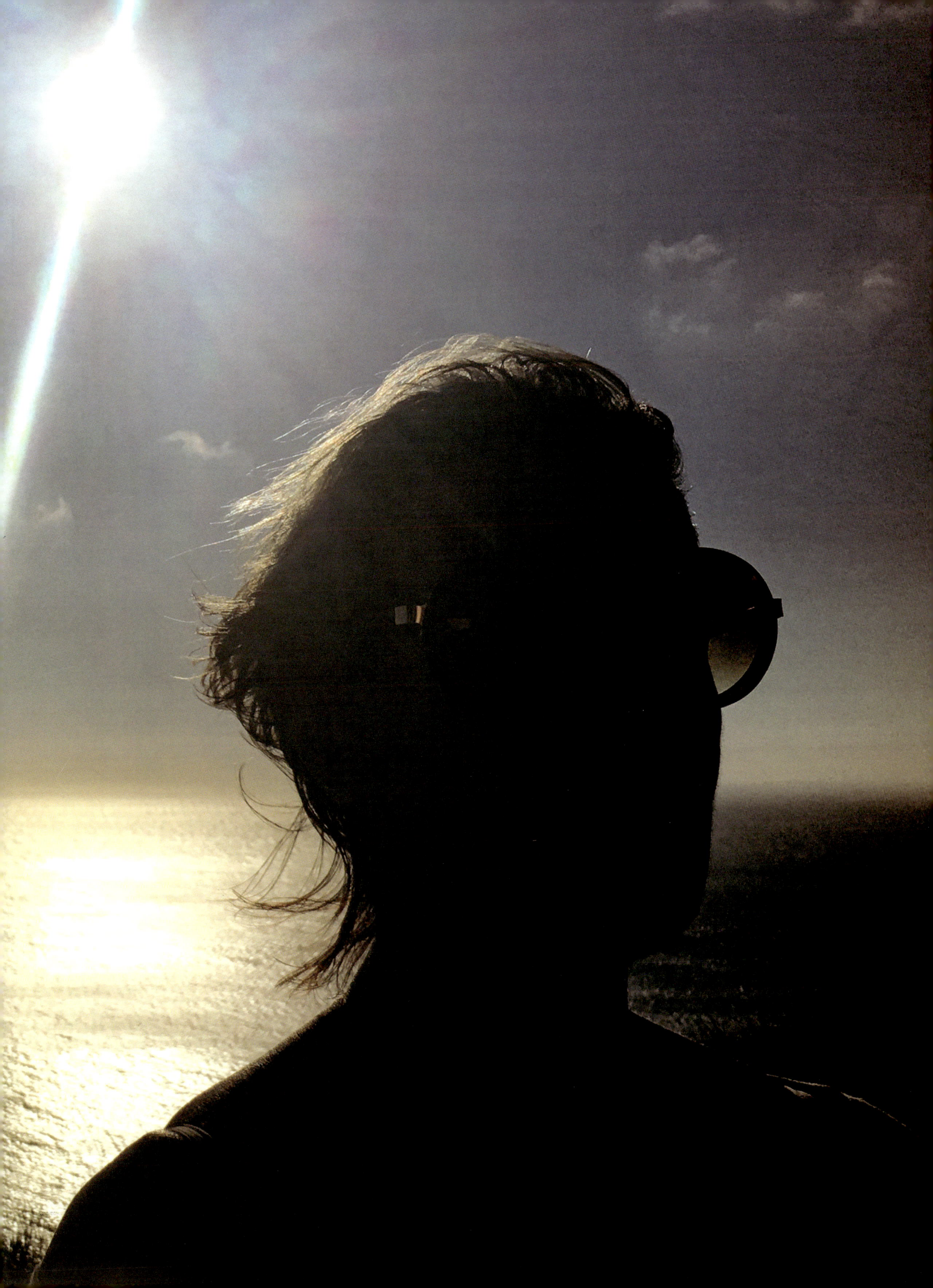

Apresentação do Presidente

Tenho o especial orgulho e prazer em patrocinar, através de nosso Grupo, este projeto que vai muito além de um livro. Sua sinergia com a própria trajetória desta empresa, hoje caminhando para quase meio século de fundação, traz na proteção dos valores humanos a maior identificação.

Falo da possibilidade de imersão em um local fantástico, através de fotos, histórias e curiosidades contadas de maneira única por Maria Alice, por quem tenho um carinho imenso. E pude comprovar, pessoalmente, tudo que está aqui escrito, a partir das indicações e conselhos da própria autora, que sempre demonstrou muita atenção, empatia e delicadeza com todos que são conduzidos a esta mágica experiência através de seus cuidados, quando nos apoiou do início ao fim da viagem.

Além de conhecer lugares históricos e únicos, o Caminho a Santiago de Compostela também nos possibilita a troca de conhecimentos e o contato com pessoas de diferentes culturas e regiões.

A estrutura acessível para todas as idades e condições físicas me chamou bastante a atenção, pois possibilita a qualquer um conhecer, admirar e integrar-se à beleza natural e histórica que se abre a experiências surpreendentes.

Por fim, deixo uma sugestão a todos: quem puder fazer esta viagem, faça! Tenho a certeza que será uma grande oportunidade de não só conhecer lugares únicos e pessoas de todos os cantos do mundo, como também de mergulhar em seu particular universo interior.

Marcelo Baptista de Oliveira
Presidente do Grupo Protege

Apresentación del Presidente

Tengo el especial orgullo y placer en patrocinar, a través de nuestro Grupo, este proyecto que va mucho más allá que un libro. Su sinergia con la propia trayectoria de esta empresa, hoy caminando a casi medio siglo de fundación trae en la protección de los valores humanos su mayor identificación.

Hablo de la posibilidad de inmersión en un lugar fantástico, por medio de fotos, historias y curiosidades contadas de manera única por Maria Alice, por quien tengo un cariño inmenso.
Y pude comprobar, personalmente, todo lo que está aquí escrito, a partir de las indicaciones y consejos de la propia autora, que siempre ha demostrado mucha atención, empatía y delicadeza con todos que son direccionados a esta mágica experiencia por medio de sus cuidados cuando nos apoyó desde el principio hasta el final del viaje.

Además de conocer lugares históricos y únicos, el Camino de Santiago de Compostela también nos permite el intercambio de conocimientos y el contacto con personas de diferentes culturas y regiones.

La estructura accesible para todas las edades y condiciones físicas me llamó bastante la atención, ya que permite a cualquier persona conocer, admirar e integrarse a la belleza natural e histórica que se abre a experiencias sorprendentes.

Por fin, les dejo una sugerencia a todos: El que pueda hacer este viaje, ¡que lo haga! Estoy seguro de que será una gran oportunidad no solo de conocer lugares únicos y personas de todas las partes del mundo, como también de sumergirse en su particular universo interior.

Marcelo Baptista de Oliveira
Presidente del Grupo Protege

AGRADECIMIENTOS

Tomaz Adour - mi editor y amigo, por toda la paciencia, insistencia, profesionalidad, y apoyo en todos los momentos. *Regina Sávio* - Amiga de toda la vida, por creer desde siempre. *Marcelo Baptista de Oliveira* - amigo querido, por el patrocinio de inmediato y sin restricciones y por haberse enamorado del Camino. *Guerreiro* - el talentoso fotógrafo por ceder fácilmente las fotos de la cena de los artistas del RIR 1. *Magda Von Brixten e Anna Paula Messeder* - Por sus participación inicial en este proyecto. *Mario Ferro* - peregrino amigo, por el apoyo incondicional a cualquier solicitud. *Cristina Oiticica* - amiga de toda la vida, peregrina, y por haber aceptado presentar este libro. *Nizan Guanes* - compañero de etapas de la vida y por haber aceptado presentar este libro. *Prof. Jose Manuel Andrade* - amigo querido, el peregrino y el catedrático de historia medieval del Camino, en la Univ. De Santiago de Compostela, por el uso compartido del conocimiento de esta ruta milenaria. *Jorge Falsfein e Pedro Dumas* - por el talento en transformar en libro mi mirada por el Camino.

AGRADECIMENTOS

Tomaz Adour - meu editor e amigo, por toda paciência, insistência, profissionalismo e apoio em todos os momentos. *Regina Sávio* - amiga de vida toda, por acreditar desde sempre. *Marcelo Baptista de Oliveira* - amigo querido, pelo patrocínio imediato e irrestrito e por ter se apaixonado pelo Caminho. *Guerreiro* - talentoso fotógrafo, por ceder prontamente as fotos do jantar dos artistas do RIR 1. *Magda Von Brixten e Anna Paula Messeder* - por sua participação inicial neste projeto. *Mario Ferro* - peregrino amigo, pelo apoio irrestrito a qualquer solicitação. *Cristina Oiticica* - amiga de vida, peregrina e por ter aceito apresentar este livro. *Nizan Guanes* - parceiro de etapas da vida e por ter aceito apresentar este livro. *Prof. Jose Manuel Andrade* - amigo querido, peregrino e catedrático de história medieval do Caminho, na Univ. de Santiago de Compostela, pelo compartilhamento do conhecimento desta rota milenar. *Jorge Falsfein e Pedro Dumas* - pelo talento em transformar em livro o meu olhar pelo Caminho.

AGRADEÇO AOS APOIADORES DO CATARSE
AGRADEZCO A LOS PARTIDARIOS DEL CATARSE:

Marcia Bella Nigris, Renata Lustosa da Fonseca Vogt, Lina Nunes Gomes, Cristina Mendonça, Katia Liege Hickmann, Paulo Cesar Treuffar Alves, Suraia Raid, Shiss Fernandes, Stella Antunes, Martha Almeida, Angela Maria G. Neves, Evelyn Saraiva, Monica Schreiber, Angela Goulart, Maria de Fátima Oliveira dos Santos, Piera Lo Curto Coelles, Angela Maria Bartholo Matta Frota, Katia Ferreira, Betoca Jencarelli, Gabriela Fiuza, Tania Slaib, Margareth Zani.

Créditos

Editor **Tomaz Adour** Editora Vermelho Marinho

Texto e fotografias/Texto y fotografías **Maria Alice Medina**

Copy Desk **Magda von Brixen**

Direção de Arte/Dirección de arte **Jorge Falsfein**

Produção, Financeiro e Jurídico/Producción, financiero y jurídico **Regina Savio**

Revisão/Revisión **Equipo Vermelho Marinho**

Versão para espanhol/Versión para español **Martha Prieto**

Tradução para português/Traducción al portugues **Celina Portocarrero**

Audiodescrição/Descripción de audio en portugués **Monica Magnani Monte**

Realização/Realización **Artfama Emprendimentos Participações e Consultoria**

MARIA ALICE MEDINA

DO ROCK A COMPOSTELA
ÀS VEZES SE GANHA ÀS VEZES SE APRENDE

LEI DE INCENTIVO À CULTURA

ARTFAMA

Patrocínio

PROTEGE

Realização

MINISTÉRIO DA CULTURA   GOVERNO FEDERAL

Santiago de Compostela

Astúrias

León

Ponferrada

Vianna do Castelo

Braga

Bragança

Porto

Vila Real

Portugal

França

Bilbao
San Sebastián
Saint Jean-Pied-de-Port
Pirin
Roncesvalles
Pamplona
Burgos
Rioja

Espanha

Madri

FIRMAS Y SELLOS

Fecha:	Fecha: 20-7-16	Fecha: 20-7-16
SAN JUAN PORTOMARIN — 19 JUL. 2016 — Fecha:	Café Bar Ó Castro — Castromayor · Portomarin — Fecha: 20-7-16	Parroquia de San Tirso de Palas de Rei — Diócesis de Lugo — Fecha: 20/7/2016
...doiro / ...eber y soñar... / 982545359 — Fecha:	Restaurante Hostal Labrador — Mesón Pulpería — CAMINO DE SANTIAGO — Alto Hospital, 2 — Fecha: 20-7-16	Casa Domingo — Ponte Campaña-Mato — Tel. 630 720 864 · 982 16 32 26 — www.alberguecasadomingo.com — Fecha: 21-7-16